NENA SCHINK &
VIVIEN WULF

PRETTY
HAPPY

LIEBER GLÜCKLICH
ALS PERFEKT

Edel Books
Ein Verlag der Edel Verlagsgruppe

Copyright © 2021 Edel Germany GmbH
Neumühlen 17, 22763 Hamburg
www.edelbooks.com

Projektkoordination: Svetlana Romantschuk
Lektorat: Dr. Gregor Ohlerich
Layout und Satz: Datagrafix GSP GmbH, Berlin | www.datagrafix.com
Umschlaggestaltung: Nicole Pfeiffer, Hamburg
Umschlagfotos: Peter Müller
Lithografie: Frische Grafik, Hamburg
Druck und Bindung: GGP Media GmbH, Pößneck

Printed in Germany

ISBN 978-3-8419-0763-9

Für Axel und Thomas. Unsere Väter. Helden. Vorbilder. Beste Freunde. Wenn wir später einmal unsere Prinzen heiraten, werdet ihr für immer unsere Könige bleiben.

Für Ira und Yvonne. Unsere Mütter. Danke, dass ihr uns eine unbeschwerte Kindheit geschenkt habt. Und uns stets lehrtet, dass die eigene persönliche Freiheit nur durch Mut entsteht.

Für Alina, Clara, Jil, Kati, Marie und Roxy. Die Mädchen unseres Herzens. Dank euch kennen wir den Wert der Freundschaft. Ihr seid die Lieben unseres Lebens und werdet es für immer bleiben.

Inhaltsverzeichnis

Einleitung

Für ein Herzensprojekt gibt es immer einen Auslöser. Diesen einen Moment, in dem man spürt, dass man es machen muss. Bei *Pretty Happy* war er verbunden mit viel Blaubeerkuchen und einer regen Diskussion über den Schönheitswahn. Den Drang nach Makellosigkeit um jeden Preis. Und die fehlende Gleichberechtigung in der Gesellschaft.

Wir fragten uns, warum wir anfällig dafür sind zu glauben, dass äußere Attraktivität unsere Hauptquelle für Bewunderung und Zuneigung ist.

Wieso vergleichen wir ständig unser Aussehen mit anderen? Warum verknüpfen wir so oft Schönheit mit Glück? Was macht das mit uns? Nicht nur in privater, sondern auch in beruflicher Hinsicht? Wie kann es sein, dass sich manch ein junges Mädchen zum 18. Geburtstag von ihren Eltern lieber eine Nasenkorrektur als die Teilfinanzierung ihres Studiums wünscht?

Liegt es ausschließlich an den sozialen Medien, in denen Frauen täglich ihr perfekt gefiltertes Erscheinungsbild präsentieren, Schminktipps geben und die perfekte Haarlocke als den Weg ins Glück präsentieren? Ja und Nein. Instagram ist ein großes Problem, das den Konflikt befeuert und gegen das es anzukämpfen gilt. Doch es beginnt schon wesentlich früher. Vom Kindergarten an werden Frauen darauf getrimmt, schön sein zu müssen.

Die allgemeine Wahrnehmung: Wenn ich schön bin, kommt das Glück von allein. Aber schön, das muss ich sein. Mädchen

glauben zu oft, dass sie vieles nicht können. Deshalb ist ihnen ihr Aussehen so wichtig. Man kann es auch als Dream Gap[1] bezeichnen.

Damit ist die Kluft gemeint, die zwischen Mädchen und der Entfaltung ihres vollen Potenzials steht. Bereits mit fünf Jahren glauben sie nicht mehr daran, Präsidentinnen, Wissenschaftlerinnen, Ingenieurinnen, Astronautinnen oder Unternehmerinnen werden zu können. Die Liste ist lang. Kein Wunder. Während die Jungs etwa dreimal mehr Wissenschaftsspielzeug bekommen, müssen sich Mädchen zu oft mit dem rosa Puppenschloss oder einer Puppe namens Baby Born begnügen.

Für uns Autorinnen besonders erschreckend: Eltern googeln doppelt so oft „Ist mein Sohn begabt" wie „Ist meine Tochter begabt".[2]

In der Schule und in der Universität geht es weiter. Nehmen wir als Beispiel eine junge Frau, 22 Jahre alt. Nennen wir sie Lisa. Lisa lernte bereits in der Schule, dass ihr äußeres Erscheinungsbild extrem wichtig ist. Wenn sie an der Tafel stand, lobte ihr Lehrer vor der Klasse ihr Aussehen: „Na, sieht Lisa heute nicht wieder bezaubernd aus?" Auch jetzt, im Mathevorkurs der Universität, kommentieren männliche Kommilitonen: „Lisa, du siehst echt gut aus, aber sei mal ehrlich, deinen Bachelor in Bauingenieurwesen ziehst du doch sowieso nicht durch, oder?"

Uns beide macht der Schönheitswahn nur noch eines: rasend wütend! Und unser Nachmittag mit Blaubeerkuchen und Selbstzweifeln machte uns zu mehr als Freundinnen. Wir wurden zu Komplizinnen, mit einer Mission, die nun in *Pretty Happy* mündet.

Denn wir sind es leid zu hören, dass sich Frauen nun mal nicht für Wirtschaft, Physik, Politik, Mathematik interessieren und freiwillig einkommensschwächere Berufe ergreifen. Eine von uns wurde gar gefragt, wie sich eine junge, attraktive Frau wie sie für Wirtschaft und Politik interessieren könne. Die Zeit ist reif, den speziellen Konflikt Schönheit = Glück zu diskutieren. Das fängt schon bei Walt Disney an. Wir brauchen mehr Figuren mit Vorbildcharakter. Nehmen wir den Film *Frozen*. Warum nur wollen so viele junge Mädchen die Eiskönigin Elsa sein? Ihre Schwester Anna ist doch die viel Coolere. Liegt es an Elsas gertenschlanker Figur, dem hellblonden Haar und großen Augenaufschlag?

Pretty Happy ist der Appell, Glück endlich von Schönheit zu entkoppeln und das Problem an der Wurzel zu packen. Weg vom Schönheitswahn, hin zu mehr Selbstbewusstsein! Lasst uns Role Models, Freundinnen und Komplizinnen füreinander sein!

Unser Buch ist in drei Teile gegliedert. Im ersten Teil analysieren wir den gesellschaftlichen Wahn der vermeintlichen Makellosigkeit, offenbaren schonungslos unsere eigenen Unsicherheiten und analysieren, inwiefern uns Dinge wie Puppen, Walt Disney und unsere Familie prägten.

Im zweiten Teil begeben wir uns gemeinsam mit dir auf die Suche nach dem Glück. Macht uns eine Reise nach New York glücklicher als ein Weinabend in unserer Heimatstadt mit Freunden? Wann sind wir so richtig zufrieden? Manch eine Erkenntnis hat uns selbst überrascht.

Im dritten Teil gelangen wir schließlich zu der Frage: Was macht uns eigentlich *Pretty Happy*? Das Wort „pretty" hat im Englischen nämlich zwei Bedeutungen, „ziemlich" und „schön". Wir zwei mögen das Wort „ziemlich" mittlerweile viel lieber als das Wort „schön". Denn eines ist sicher: Fünf Kilo machen dich nicht unbedingt glücklicher und eine dicke Schicht Make-up nicht selbstbewusster.

In den nachfolgenden Kapiteln haben wir versucht, möglichst unkenntlich zu machen, um wen von uns beiden es geht. Es war uns wichtig, dass das Thema im Vordergrund steht. Nicht unsere eigene Geschichte. Denn wir sind du. Und du bist wir. Wir alle kämpfen dann und wann mit Selbstzweifeln und haben das Gefühl, nicht genug zu sein.

Dieses Buch ist keine akademische Abhandlung. Stattdessen sind unsere Schilderungen durch unsere persönliche Wahrnehmung geprägt. Wir sind auch keine Psychologinnen oder Soziologinnen, sondern Beobachterinnen und Erzählerinnen. Mit *Pretty Happy* versuchen wir, das echte Leben abzubilden und Schlüsse daraus zu ziehen. Wer einen Ratgeber sucht, wird hier nicht fündig. Aber alle, die lernen wollen, weniger auf ihr Äußeres zu geben und mehr zu sich selbst zu stehen, sind hier genau richtig. Wir beide haben aus Biografien starker Frauen übrigens mehr gelernt als aus jedem Ratgeber, weswegen dieses Buch gespickt mit jenen Learnings ist.

Anstelle von zu vielen Artikeln über Themen wie Schönheit, Altern und Diättipps brauchen wir mehr Sichtbarkeit von tollen Frauen, die Großartiges leisten und junge Mädchen lehren, wie sie das geschafft haben.

Wir müssen es schaffen, dass Mädchen mehr wollen, als nur schön zu sein.

Solltest du nur eine Botschaft aus diesem Buch mitnehmen, dann hoffentlich diese: Du bist nicht alleine. Wir alle sind unsicher, zweifeln und sind uns dann und wann nicht genug.

Auch Prominenten wie Weltstar Taylor Swift geht das so, wie sie in einem Essay für die *ELLE* schreibt: „Ich habe hart gearbeitet, um mein Gehirn neu zu trainieren. Ihm beizubringen, dass zusätzliches Gewicht Kurven, glänzenderes Haar und mehr Energie bedeutet. Ich denke, dass viele von uns bei einer Diät die Grenze überschreiten. Aber das Zuweitgehen kann wirklich gefährlich sein. Es gibt keine schnelle Lösung. Ich arbeite jeden Tag daran, meinen Körper zu akzeptieren."[3]

Auch die deutsche TV-Moderatorin Sarah Kuttner weiß um den Wert der Selbstliebe: „Im Grunde geht es darum, uns selbst zu akzeptieren. Zu akzeptieren, wie wir sind, was wir können, was wir nicht können. Zu sagen: Ich bin okay so. Und wenn wir Mitgefühl für uns selbst entwickeln, auch für unseren Feuerball, dann können wir es an andere so weitergeben."[4]

Nicht nur Swift und Kuttner. Der amerikanische Autor und Business-Coach Jerry Colonna wurde mal gefragt, was er durch die Arbeit mit den vielen Führungskräften gelernt habe. Seine Antwort: „The struggle is universal"[5] – jeder von uns hat zu kämpfen.

Wir müssen lernen, dass wir nicht makellos sein müssen, um geliebt zu werden. Das Wichtigste im Leben ist, dass wir uns selbst lieben. Vor allem sind wir es verdammt nochmal niemandem schuldig, schön zu sein.

Der Schriftsteller Neale Donald Walsch schreibt: „Solange du dir darüber Sorgen machst, was andere von dir denken, gehörst du ihnen. Nur wenn du keine Zustimmung von außen brauchst, kannst du dir selbst gehören."[6]

Wir wünschen dir viel Spaß bei der Lektüre von *Pretty Happy* und hoffen, dass du etwas daraus für dich mitnimmst. Vor allem aber wünschen wir uns, dass du groß träumst! Jeden einzelnen Tag deines Lebens.

Sollte dich die Größe deiner Träume zurückschrecken lassen, bist du auf dem richtigen Weg! Glück entsteht oft durch Tun. Durch Bildung. Und den Glauben an dich selbst. Die Chancen dafür musst du dir selbst erkämpfen.

Im Privaten und Beruflichen gilt stets: Glück wird aus Mut gemacht. Lege den Fokus weniger auf dein Äußeres, lasse dich nicht von den anderen auf deine Optik reduzieren, stehe mehr zu dir selbst und denke immer daran: Deine Individualität ist deine Perfektion.

Feiere deine Einzigartigkeit! Begebe dich auf die Suche nach Dingen, die dich wirklich glücklich machen. Umgebe dich mit Menschen, die, anstatt dich äußerlich zu bewerten, dich fördern und vor allem deiner Seele guttun.

Deine Nena & Vivien

Teil 1

Was ist Schönheit?

Wie entstand der Mythos Schönheit?

„Für eine Frau ist Schönheit unbedingt wichtiger als Intelligenz, denn für Männer ist Sehen leichter als das Denken."

Lil Dagover, Schauspielerin

9. August 1992

Das Cover des prestigeträchtigen Magazins *Spiegel* ziert eine barbusige Brünette mit wallenden Haaren, dem gängigen Schönheitsmaß 90-60-90 und perfekt geschminkten Augenbrauen. Die Überschrift: *Der Schönheitswahn – makellos um jeden Preis.*[7] Als ich geboren wurde, diskutiert Deutschland also über die steigende Zahl von operativen Eingriffen. Im Namen der Schönheit.

Der Grund: Mehr als 100 000 Männer und Frauen legen sich pro Jahr auf die OP-Tische von plastischen Chirurgen. Für die Redaktion des *Spiegels* ein alarmierendes Signal, dass sich der Mythos Schönheit zum käuflichen Symbol für Erfolg und Lebensart gewandelt hat.

Seitdem hat sich der Wahn der Makellosigkeit stetig gesteigert. Die Anzahl der Schönheitsoperationen hat sich gar verdreifacht. Im Jahr 2019 wurden 386 000 Operationen im Namen der Schönheit erfasst. 86,8 Prozent davon wurden an Frauen durchgeführt, 12,3 Prozent an Männern, 0,1 Prozent sind nicht erfasst.[8] Die beliebteste Schönheitsoperation war mit 8,3 Prozent die Brustvergrößerung.[9]

Für uns Autorinnen besonders erschreckend: Jede zweite deutsche Frau ist einer Schönheitsoperation gegenüber nicht abgeneigt.[10]

Übrigens wurde auch die erste Schönheitsoperation in der Geschichte an einer Frau durchgeführt:

„Erst die Prinzeß mit einem Trunk aus fiel heissem Branntewein und Stinwacholder zum Schlaffen gebracht; als dann ein Stück vom Nasbein herausgesäget, in der Mitten, wo es zufiel gewesen; als dann die zween Hälften zusammengefüget, alsdann ein Flecken Haut vom Schenkel drübergepflanzelt; alsdann das gantze feste verbunden."[11]

Das war im Jahr 1759, als ein hessischer Landgraf nach dem Chirurgen Johann Balthasar schicken ließ, weil eine nette junge Frau in dem Adelshaus zur Vermählung anstand. Doch war sie im Gesicht mit einem Gewächs geschlagen, das eher einer Knollenfrucht glich. Als der Medikus Nadel und Faden aus der Hand legte, zierte eine feine Prinzessinnennase das blaublütige Gesicht. Die Chance auf eine Heirat war gerettet.

Bei der ersten Schönheitsoperation in der Geschichte stand also nicht das eigene Wohlbefinden im Vordergrund, sondern die Hoffnung auf eine baldige Vermählung. Die Prinzessin sollte durch eine Hochzeit finanziell abgesichert werden. Dafür musste ihr Antlitz den Männern gefallen.

Der Wunsch, dem männlichen Geschlecht zu gefallen, war schon im Mittelalter stark ausgeprägt, wo sich die wahrhaft vornehmen Damen eine Paste aus Essig, Eiweiß und Bleiweiß auf die Wangen strichen. Der bleiche Teint sollte sie von den sonnengebräunten Bäuerinnen und von Prostituierten unterscheiden, die frivoles Rouge auf blasse Grundierung platzierten. Die englische Königin Elisabeth I. musste im Alter übrigens zentimeterdick spachteln – das Blei hatte ihre Haut zerfressen. Doch auch die Männer stäubten im 18. Jahrhundert kräftig Puder auf.

Der Wunsch nach Schönheit und Perfektion vereint also seit Jahrhunderten beide Geschlechter. Aber wieso gehen wir Frauen in puncto Aussehen stets weiter als die Männer, notfalls bis auf die Knochen? Die Psychologin Bärbel Wardetzki erklärt es im *Spiegel* wie folgt: „Aufgrund von Ermangelung anderer Aufgaben kümmerten sich die Damen über Generationen aufopferungsvoll dem rechten Verhältnis von Busen, Taille und Po." Frauen seien dafür besonders anfällig, weil ihre „Maske aus Schminke, Kleidung und äußerer Attraktivität" nicht selten „Hauptquelle von Bewunderung und Zuneigung sei".[12]

Diese Aussage ist auf den Tag so alt wie ich. Sie stammt aus dem Jahr 1992. Das Schlimme daran ist, viel hat sich seitdem nicht verändert. Im Gegenteil, der Schönheitswahn ist schlimmer geworden. Die Frauenmagazine präsentieren auch noch im Jahr 2020 fröhlich Diät- und Schminktipps. In einer gewissen Dosierung ist dagegen nichts einzuwenden. Doch zu viele Cover wirken gar den 1950er-Jahren entsprungen.

Warum uns manch ein Medienunternehmen nicht mehr zutraut, als den richtigen Lidstrich zu setzen, werde ich niemals verstehen. Ich bin mir sicher, die stetig sinkenden Auflagen eines Großteils der Frauenmagazine sind den nicht zeitgemäßen Artikeln, gepaart mit fehlendem Innovationsgeist, geschuldet.

Nicht nur die Verlage, auch die Werbung spielt eine entscheidende Rolle beim Entstehen des gesellschaftlichen Schönheitswahns. Vor einigen Monaten hing am Züricher Hauptbahnhof ein gigantisches Werbeplakat. Es zeigte eine junge, hübsche Frau, die sich entschieden hat, ihre Brüste operieren zu lassen. „Meine Dinger, mein Ding", prangte als Botschaft auf dem Plakat. Die Wortwahl spricht Bände. Für Dagmar Pauli, Chefärztin im Bereich Kinder- und Jugendpsychologie, ist diese Verdinglichung „erschreckend und alarmierend"[13] zugleich. Ich gebe ihr voll und ganz recht.

Wir sind von dem Fehlglauben geleitet, Glück und Liebe entstünden durch perfektes Aussehen. Auch empfinden wir den intrinsischen Wunsch, den Männern zu gefallen, ihre Aufmerksamkeit zu erhaschen, anstatt den Fokus auf unsere eigene persönliche Entwicklung zu legen.

Die Gründe dafür sind vielseitig. Ebenso wie im Mittelalter beginnen Frauen und Mädchen früh, Schönheit als Hauptquelle für Glück und Anerkennung zu identifizieren. Der Wunsch nach dem perfekten Erscheinungsbild prägt das Denken. Das aber macht angreifbar, verletzlich. Es schwächt die eigene Entwicklung.

Im Laufe der Geschichte haben viele großartige Frauen über das Konzept Schönheit geschrieben, sei es Naomi Wolf mit ihrem Buch *The Beauty Myth* oder die großartige Chidera Eggerue mit ihrem Werk *What a Time to Be Alone*. *Pretty Happy* ist unsere eigene Interpretation, und anstatt kategorisch zu urteilen, möchten wir dich mit unserem Buch zum Nachdenken anregen.

Bevor wir dich nun auf eine Reise durch die vergangenen Jahrzehnte mitnehmen und das ein oder andere Schönheitsideal hinterfragen, bitten wir dich, die folgenden Fragen einmal ganz für dich allein zu beantworten. Du musst deine Antworten mit niemandem teilen.

◊ **Zweifelst du an deinem äußerlichen Erscheinungsbild? Falls ja: warum?**
◊ **Vergleichst du dich mit anderen?**

◊ Hast du manchmal das Gefühl, nicht der gesellschaftlichen Norm zu entsprechen?

◊ Fühlst du dich von dem Schönheitswahn unter Druck gesetzt?

◊ Wünschst du dir eine Schönheitsoperation?

◊ Möchtest du mit deinem Aussehen anderen gefallen, vielleicht gar Likes in den sozialen Medien erzielen, um anerkannt zu sein?

◊ Bearbeitest du deine Fotos? Falls ja: aus welchem Grund?

Die Schönheitslotterie

„Warum quält mich das so? Warum fühle ich mich als Mensch weniger wert als andere?"

Marilyn Monroe

Entsprichst du dem Schönheitsideal deiner Zeit? Nein? Nicht schlimm! Vermutlich entsprichst du optisch einfach dem Ideal eines anderen Jahrzehnts. Denn was früher als schön galt, ist heute nicht mehr unbedingt angesagt. Und was heute in ist, wird in ein paar Jahren nicht mehr unbedingt den Zeitgeist treffen.

Das jeweilige Schönheitsideal wird von den Medien erschaffen und befeuert. Einst war es die Venus von Milo, heute sind es die Kardashians. Das Spannende daran ist: Bilder können anhand der betonten Schönheitsmerkmale immer einer bestimmten Zeit zugeordnet werden.

Stets gleich geblieben ist die Schönheit als Maß für den gesellschaftlichen Wert der Frau. Leider. Eine Sache, die es zu hinterfragen und vor allem zu verändern gilt! Denn wir müssen von unserem Leben mehr erwarten dürfen, als schön zu sein.

Die 1950er-Jahre: die Ikone der Kurven

Blonde Haare, verführerischer Augenaufschlag, volle rote Lippen. Die Rede ist natürlich von Norma Jean Baker, bekannt als

Marilyn Monroe, das unübertroffene Sexsymbol Amerikas. Wir befinden uns in einer Zeit, in der vor allem mondäne Schauspielerinnen die Idealvorstellung der Frau prägen.

Als besonders attraktiv gelten kurvige Frauen mit üppigem Dekolleté, prallem Hintern und schmaler Taille.[14]

Frauen wie Marilyn Monroe eben, weshalb die Zeitungen von einem Marilyn-Effekt sprechen. Sie wird von den Medien zum Sexsymbol schlechthin stilisiert, zur Königin der Kurven. Mit ihrer Kleidergröße sorgt die Blondine weltweit für einen neuen Trend. Frauen wollen aussehen wie sie, sein wie sie, während Männer mit ihr schlafen wollen.

Denn abgemagerte Frauen wirken hungrig, kränklich und ärmlich. Vor allem aber erinnern sie an die entbehrungsreichen Jahre des Zweiten Weltkrieges, die für immer der Vergangenheit angehören sollen.

Erfolg, Schönheit, Ruhm: alles verheißungsvolle Attribute, die man dieser Traumfrau zuschreibt. Aber war sie das wandelnde Glück? In manchen Augenblicken vielleicht. In den großen, raren Momenten, die das Leben für jede von uns bereithält, die uns den Atem rauben und die es in vollen Zügen auszukosten gilt.

Doch vor allem litt Monroe darunter, nicht als Charakterdarstellerin wahrgenommen zu werden. Sie wollte mehr sein als nur ein Sexsymbol. Ihre Tagebucheinträge und Briefe offenbaren das tragische Ausmaß ihres Unglücks. Die Selbstzweifel bis zum Tod.

Das Gefühl, sich trotz des Beifalls von außen nie schön zu fühlen. Sich selbst nie genug zu sein.[15] In einem Tagebucheintrag schreibt sie: „Warum quält mich das so? Warum fühle ich mich als Mensch weniger wert als andere?"[16]

Ein Indiz, dass wir Schönheit nicht mit Glück verknüpfen sollten.

Die 1960er-Jahre: Let's swing

Es sind Jahre des Aufbruchs. Eine Zeit zwischen Bürgerrechtsunruhen und Studentenbewegung. Zwischen politischem Umdenken und der Verabschiedung vom üppigen Idealbild der 1950er-Jahre. Weg von Weiblichkeit und prallen Kurven, hin zu einer schlanken Linie. Traumfrauen wie Marilyn Monroe haben ausgedient. Auch das Ideal der braven, kurvigen Hausfrau zerfällt.

Eine Gegenbewegung im Frauenbild startet. Plötzlich ist spindeldürr und flachbrüstig angesagt.

Stilbildend für das neue Frauenbild wird das britische kurzhaarige Model Twiggy, auch wenn das einem Teil der Medien nicht zu gefallen scheint: „Als Gott ‚Twiggy‘ schuf, muss er nur noch eine sehr abgenagte Rippe zur Hand gehabt haben. ... Wie anders soll man sich sonst diesen dürren Zweig (‚twig‘) am üppigen Baum des modernen Lebens erklären“[17], schreibt die *Stuttgarter Zeitung* im Jahr 1967 über sie.

Aber ihrem kometenhaften Aufstieg können ihre Kritiker nichts anhaben. Innerhalb kürzester Zeit ist Twiggy eines der gefragtesten Models ihrer Zeit. Ihre Ära leitet den Schlankheitswahn ein.[18]

Während die Mehrheit sie frenetisch feiert, fühlt sich die umjubelte Twiggy unsicher. Auch sie kann ihren Ruhm nicht in vollen Zügen genießen, zu groß ist das Verlangen, ein üppiger Ast zu werden. Besonders als junge Frau habe sie sich eine gute Fee gewünscht, „die mir das Aussehen von Marilyn Monroe verleihen sollte“, so die 70-Jährige heute. „Ich hatte keinen Busen, keine Hüften, und ich wünschte sie mir doch so verzweifelt.“[19]

Ich kann Twiggy verstehen. Während sie die „abgenagte Rippe“ war, taufte mein Onkel mich mit 14 Jahren auf den Spitznamen „Luftpumpe“. Er fand es passend, schließlich sei ich ja nur ein Stiel mit Kopf. Lange Zeit empfand ich meine fehlenden Kurven als schlimm und furchtbar ungerecht. Ich hätte so gerne volle, große Brüste gehabt. Auch heute noch zeige ich mich ungern im BH oder Bikini.

Besonders schlimm war es in der achten Klasse, als die Jungs mich mit der Bezeichnung „Flachland" hänselten. Monatelang wurden sie nicht müde, mich auf meine fehlende Oberweite hinzuweisen. Und ich? Investierte all mein Taschengeld in diverse Push-up-BHs.

Einmal stopfte ich mir gar Toilettenpapier in den Ausschnitt. Für eine Party. Um den Jungs zu gefallen. Mein innigster Wunsch war es, dazuzugehören, in dem Club der fraulichen Mädchen aufgenommen zu werden.

Ich wollte nicht länger die Ungeküsste, die ungewollte, ungelenke Giraffe sein. Das Flachland. Die, die beim Flaschendrehen als Einzige leer ausgeht. Das ist ebenso erniedrigend, wie beim Völkerball als Letzte ins Team gewählt zu werden. Vielleicht sogar noch schlimmer.

Doch aus meinem Traum wurde nichts. Meine Figur blieb knabenhaft. Eine üppige Oberweite? Ein definierter Po? Fehlanzeige! Eine Laune der Natur, die ich für zutiefst ungerecht hielt. Doch während ich mir mit 18 Jahren noch unbedingt die Brüste vergrößern lassen wollte, ist es heute okay für mich. Vielmehr bin ich froh, nie eine Schönheitsoperation an mir durchführen gelassen zu haben.

Eines ist sicher: Meine Jugend wäre wesentlich leichter gewesen, wenn Twiggy anstelle der Victoria's-Secret-Engel das gesellschaftliche Schönheitsideal gewesen wäre.

Die 1960er-Jahre wären vermutlich mein Jahrzehnt gewesen. Da hätte ich reingepasst. Mich wohlgefühlt. Vor allem hätte ich meine fehlende Weiblichkeit nicht jahrelang verabscheut. Mich selbst verabscheut. Vielleicht hätte ich schon früher gelernt, mir selbst genug zu sein.

Was wir daraus lernen: Vielleicht hätte ich mich in den 1960ern wohlgefühlt. Vielleicht hättest du, unsere Leserin, dich in den 1950er-Jahren mit einem medial geprägten Vorbild wie Marilyn Monroe besser gefühlt. Beides ist irrelevant. Für das gegenwärtige Schönheitsideal können wir nichts.

Was uns bleibt, ist, uns von den Idealbildern unserer Zeit zu befreien und unsere Einzigartigkeit zu zelebrieren. Wie der Autor Michael Nast auf seinem Instagram-Profil schreibt: „Wir wurden geboren, um einzigartig zu sein. Und nicht perfekt."

Die 1970er-Jahre: wild, wilder, am wildesten

Die Dekade der Emanzipation beginnt. Was in den 1960er-Jahren begann, zieht sich durch die 1970er-Jahre fort. Alles wird hinterfragt, insbesondere die Rolle der Frau. Das Credo dieser Jahre: Die Welt muss sich verändern. Die dominierenden medialen Themen: Ölkrise, Umweltprobleme, die Watergate-Affäre, das Attentat bei den Olympischen Spielen in München, die Rechte der Frau und ihre fehlende Gleichberechtigung in der Gesellschaft.

Während die Frauen der 1950er-Jahre noch dazu angehalten waren, ihrem Mann bedingungslos zu gehorchen, braucht Frau jetzt nicht mehr unbedingt einen Mann an ihrer Seite. Der Grundstein für unsere heutige Gesellschaft wird gelegt.

Der Schönheitstrend wandelt sich erneut. Jetzt sind sportliche, lebensfrohe Frauen begehrt und gefragt. Weiblicher als die knabenhafte Twiggy, aber doch bitte nicht ganz so kurvig wie Marilyn Monroe.

Eine der Traumfrauen ihrer Dekade ist Farrah Fawcett. In den Zeitungen wird sie als sportlich, weiblich, perfekt beschrieben. Mit wallender Mähne, der gebräunten Haut, einem dezenten Make-up und ihrem Big American Smile gilt die US-Schauspielerin als eine der schönsten Frauen ihrer Zeit.

Die 1980er-Jahre: Aerobic, Aerobic, Aerobic

Der Sportwahn, verbunden mit dem Drang nach dem perfekten Körper, geht weiter – und nimmt ein völlig neues Ausmaß an. Durch die Schauspielerin Jane Fonda verspüren plötzlich alle Frauen Lust auf die Sportart Aerobic. Die Schauspielerin wird durch ihre Fitnessvideos zur Ikone, zum Vorbild und Schönheitsideal von Millionen Frauen weltweit.

Die Devise dieser Tage lautet: Dünn zu sein, ist gut. Dünn und trainiert zu sein, ist noch viel besser.

Die 1990er-Jahre: Ära der Supermodels

Von Linda Evangelistas dramatischem Auftritt auf dem Catwalk von Chanel bis zu Kate Moss im funkelnden Versace-Kleid, diese Ära schreibt Modegeschichte. Während die Topmodels Naomi Campbell, Cindy Crawford oder auch Claudia Schiffer 90-60-90 als Traummaße befeuern, beschreiben die *VOGUE*-Redakteurinnen Kate Moss als Straßenjungen. Sie bescheinigen ihr, sie habe nicht die Ästhetik, die es brauche, um ein Topmodel zu werden.

Sie liegen falsch. Kate Moss, dünn, blond, abgemagert, wird zur Ikone. Gleichzeitig erntet sie zu Recht viel Kritik für die Vermittlung falscher Werte. Ihr bekanntester Spruch lautet: „Nichts schmeckt so gut, wie sich dünn sein anfühlt."[20] Auch wenn sie mit ihrem Look eine ganz neue Sicht auf das Schönheitsideal prägt, ist dieser Spruch doch unverzeihlich. Später entschuldigt sie sich für diese Aussage.

Doch die Frau, die alles überstrahlt und zur Ikone ihrer Zeit wird, ist Prinzessin Diana. Lady Di. Aber wenn wir heute eines über sie wissen, dann, dass sie die meiste Zeit ihres Lebens sehr unglücklich und traurig gewesen ist.

Die 2000er-Jahre bis heute: Es lebe die Vielfalt, aber bitte nur bis zu einem gewissen Grad!

Nach der Zeit der Supermodels wird der eine Schönheitstypus Traumfrau nach und nach aufgeweicht. Das Internet gibt hierfür den Startschuss. Alles kann und nichts muss. Das Schönheitsideal ist breit gefächert wie noch nie. Vieles kommt zurück und fast alles ist erlaubt – aber eben nur fast. Es lebe die Vielfalt, doch bitte nur bis zu einem gewissen Grad!

2010 beginnt eine ganz neue Ära durch die Erfindung der Social-Media-Plattform Instagram. Hat man bis dato Schönheitsideale nur ab und zu in Magazinen gesehen, können sie nun ständig und on demand abgerufen werden. Man ist seinen Vorbildern und den damit verknüpften vermeintlichen Idealen so nah wie nie, sieht sie morgens beim Zähneputzen und abends beim Zubettgehen.

Kontinuierlich perfekte Körper und bis ins kleinste Detail retuschierte Gesichter zu sehen, fördert die eigenen Selbstzweifel. Auch wenn die Bilder von der Realität weit entfernt sind, wird es für uns durch die permanente Zurschaustellung zu einer gängigen Norm.

Wir befinden uns aber auch in einer Zeit, in der sich Size-Zero- und Plus-Size-Models den Laufsteg teilen. Neben Kendall Jenner läuft Miss Curvy Ashley Graham. Jene schafft es 2016 als erstes Übergrößen-Model auf das Cover der Bikini-Ausgabe von *Sports Illustrated*.[21]

Der Familienclan Kardashian hat zur Akzeptanz des Körperbildes „Curvy" beigetragen. Doch sie haben auch maßgeblich einen bedenklichen Trend geprägt. Während man früher mit etlichen Diäten versuchte, einen flachen Po zu bekommen, wird heute mit Operationen nachgeholfen, die prallen Rundungen extra hervorzuheben.

Die auf der einen Seite positiven Veränderungen durch die Kardashians bestätigt auch die Sängerin Demi Lovato in einem

Interview mit *Access Hollywood:* „Sie haben das Schönheitsideal unserer Generation total revolutioniert. Jeder kann über die Kardashians denken, was er oder sie will, aber sie haben einer ganzen Menge Frauen geholfen, sich in ihren Körpern wohlzufühlen."[22]

Lovato mag recht haben. Für viele Frauen, die nicht den perfekten Maßen der 1990er-Jahre-Models entsprachen, waren sie vermutlich die Erlösung. Frau muss sich plötzlich nicht mehr hinter übergroßen Outfits verstecken, sondern kann zu ihrem Körper stehen. Jedenfalls teilweise.

Doch auf der anderen Seite nehmen die Kardashians es mit der Vorbildfunktion nicht so genau. In den vergangenen Jahren geriet die Familie zu Recht immer mehr in Kritik, da sie falsche Schönheitsideale vermitteln und Schönheitsoperationen befeuern.

Mittlerweile sind sie durch die etlichen Operationen, Liftings und zu viel Schminke zu Karikaturen ihres eigenen Erfolges geworden.

Und auch wenn kurvigere Frauen mehr akzeptiert werden, sind welche mit Kopftuch, einer Behinderung oder einer anderen Hautfarbe immer noch eine Rarität in der auf Perfektion ausgerichteten Modewelt.[23]

Nach wie vor gilt Schlankheit als erstrebenswert und die Zahl der Anmeldungen in Fitnessstudios ist so hoch wie nie. Durch die perfekte Illusion auf Social Media wird der Druck nach dem eigenen perfekten Aussehen immer mehr verstärkt.

Manch ein Instagram-Befürworter lobt die Diversität des Mediums. Doch in der Realität erhalten junge, freizügig gekleidete Frauen mit perfekt retuschierten Bildern die meisten Likes.

Eines ist sicher: Wir sind noch lange nicht da, wo wir hinwollen. Vielleicht gar weiter entfernt denn je. Der Schönheitswahn hat sich dank der sozialen Medien verschlimmert. Nie

zuvor in der Geschichte war der Wunsch nach Makellosigkeit und Schönheitsoperationen so präsent wie heute.

Gewinner oder Verlierer der Genlotterie?

Ein Schönheitsideal ist per Definition eine zeitlich begrenzte Vorstellung. Wieso also machen wir unser Glück von einem von den Medien erschaffenen, wechselnden Schönheitsideal abhängig? Vor allem im Hinblick darauf, dass ausgerechnet die Traumfrauen ihrer Dekade unglücklich waren?

Warum wird uns Frauen bloß von klein auf beigebracht: „Wenn du ins Bild passt, hübsch und süß bist, wirst du Erfüllung finden und rundum glücklich sein."

Vielleicht, weil attraktiven Menschen oft höhere soziale Kompetenzen und berufliche Fähigkeiten zugeschrieben werden. Äußere Faktoren stehen demnach in einem engen Zusammenhang mit Erfolg und gesellschaftlicher Achtung.[24]

Suchen wir deswegen in der Schönheit nach unserem Glück? Finden wir aufgespritzte Lippen wirklich schön, oder wollen wir nur dazugehören? Unterwerfen wir uns für gesellschaftliche Anerkennung dem Schönheitsdiktat?

Die Antwort lautet wohl in den meisten Fällen: Ja. Wir wollen dazugehören. Anerkannt sein. Leuchten. Das liegt in der Natur des Menschen. Wir verändern unser Aussehen, optimieren uns, sehnen uns nach Zugehörigkeit. Bloß nicht anecken.

Doch es hat sich verschlimmert. Wir glauben im Jahr 2020 mehr denn je, dass Schönheit gleichbedeutend ist mit Glück. Dass wir mehr geliebt werden, je attraktiver wir sind. Eine gefährliche Entwicklung, die es zu bekämpfen gilt.

Wäre es nicht wünschenswert, sich endlich vom Schönheitsdiktat zu befreien? Ganz unabhängig von Idealen zu sein? Denn was passiert eigentlich, wenn man das „Glück" hat, dem Schönheitsideal seiner Zeit zu entsprechen? Ist man dann wirklich glücklich? Ganz bestimmt nicht. Schönheit ist nicht mehr als eine Illusion, erschaffen von den Medien.

Dem aktuellen mageren und makellosen Schönheitsideal können übrigens aus anatomischen Gründen nur fünf Prozent der Frauen weltweit entsprechen.[25] Wir fragen uns: Wieso gibt es ein Schönheitsideal, das nur fünf Prozent der Frauen umfasst? Das ist doch völlig absurd!

Um den Glaubenssatz Schönheit = Glück noch stärker zu hinterfragen, tauchen wir tiefer in das Leben zweier Frauen ein, die einst zu den Traumfrauen ihrer Dekade gehörten. Frauen, die frenetisch für ihr Aussehen gefeiert wurden und von denen Millionen von Bewunderinnen sich weltweit wünschten, ein wenig zu sein wie sie.

Notiz an uns selbst:

∞ Der eigene **Look** wird niemals allen gefallen.

∞ Unser **Selbstwert** wird von uns allein bestimmt.

∞ **Schönheit** ist nicht der Schlüssel zum Glück.

Audrey Hepburn: Schönheitsidol oder Menschenretterin?

„Ich glaube, dass glückliche Mädchen die schönsten Mädchen sind."

Audrey Hepburn

Wie in den Schlafzimmern so vieler Mädchen hing auch in dem Kinderzimmer meiner besten Freundin ein Bild von Audrey Hepburn. Eine Schwarz-Weiß-Fotografie von Ikea. Während meiner Teeniezeit verband ich Audrey Hepburn ausschließlich mit den Attributen Schönheit, Anmut und Eleganz. Bis ich als Mittzwanzigerin durch einen Magazinartikel auf die wahre Hinterlassenschaft Hepburns aufmerksam wurde.

Eine Hinterlassenschaft, geprägt von Kampfgeist, Aufopferung, Werten und Mut.

Ein kurzer Abriss gefällig? Audrey Kathleen Ruston wird am 4. Mai 1929 in Belgien als Tochter eines englischen Bankiers und einer niederländischen Baroness in wohlhabende Verhältnisse hineingeboren. Sechs Jahre später verlässt der Vater die Familie. Gemeinsam mit ihrer Mutter und den beiden älteren Halbbrüdern zieht sie vom niederländischen Familiensitz Schloss Huis Doorn nach Großbritannien. Doch ihr Aufenthalt dort soll nur von kurzer Dauer sein, der Zweite Weltkrieg erschüttert

England und die Familie kehrt in die Niederlande zurück. Ihre Eltern lassen sich scheiden.[26]

Obwohl die 14-Jährige aufgrund der herrschenden Hungersnot an schwerem Muskelschwund erkrankt, beginnt sie, gegen die deutschen Besatzer zu kämpfen. Sie nimmt Ballettstunden und lässt das durch Tanzauftritte verdiente Geld in die niederländische Untergrundbewegung fließen. Ein gefährliches Unterfangen, steht doch auf Kollaboration mit dem Feind die Todesstrafe.

Hepburn wird nicht entdeckt und pflegt in den letzten Monaten des Krieges verwundete Soldaten der Alliierten. Auch nach dem Krieg ist ihr Werdegang von Mut, dem unbändigen Wunsch nach Freiheit und der Erfüllung ihrer Träume geprägt.

Sie entscheidet sich gegen das behütete Leben bei ihrer Mutter in den Niederlanden und nimmt stattdessen kleine Rollen in britischen Musicals und Filmen an. Ihr Ziel ist es, Schauspielerin zu werden. Der Erfolg stellt sich schnell ein. Mit 25 Jahren gewinnt sie für ihre erste Hauptrolle aus dem Nichts den Oscar. Fortan zählt sie zu Hollywoods Elite und prägt mit Filmen wie *Frühstück bei Tiffany*, *Charade* oder *My Fair Lady* die Filmgeschichte.

Ihr Erfolg ist nicht ausschließlich mit ihrem Schauspieltalent zu erklären, sondern vor allem mit ihrer Fähigkeit, die optische Individualität als Privileg zu feiern. Anstatt sich mithilfe von Tricks dem kurvigen Schönheitsdiktat zu unterwerfen, betont Hepburn mit ihrem knabenhaften Auftreten die Folgen ihres erlittenen Muskelschwunds.

Nach ihrer Karriere als Filmstar, die sie als eine der wenigen selbst gewählt und in Würde beendet, wird sie Sonderbotschafterin für UNICEF. Fünf Jahre lang reist sie gemeinsam mit ihrem Lebensgefährten Robert Wolders, der wie sie in seiner Kindheit unter der Hungersnot in den Niederlanden gelitten hatte, in benachteiligte Länder und nutzt ihre Bekanntheit, um Spenden zu sammeln.

Aufgrund ihrer humanitären Arbeit erhält Audrey Hepburn den Ehrendoktor der amerikanischen Brown University und soll ihn stolz mit den Worten: „Könnt ihr das glauben? Ein Titel für mich, wo ich doch gar nicht gebildet bin", entgegengenommen haben.[27]

Übrigens verband Hepburn Glück Zeit ihres Lebens nie mit Schönheit, sondern damit, das Leben zu genießen, und mit der Fürsorge, die man bereit ist, anderen teilwerden zu lassen.

In Hepburns Worten klingt das so: „Die Schönheit einer Frau liegt nicht in der Kleidung, die sie trägt, der Figur, die sie hat, oder der Art, wie sie ihr Haar trägt. Die Schönheit einer Frau ist in ihren Augen zu sehen, denn das ist die Tür zu ihrem Herzen, der Ort, wo die Liebe wohnt. Wahre Schönheit einer Frau spiegelt sich in ihrer Seele wider. Es ist die Fürsorge, die sie liebevoll gibt, die Leidenschaft, die sie zeigt. Die Schönheit einer Frau wächst mit den Jahren."[28]

Wie wahr. Wenn ich heute mein Givenchy-Parfüm *L'Interdit* trage, für das Audrey Hepburn das Gesicht war, trage ich es mit Stolz und denke nicht mehr wie einst an ihre Schönheit. Der Duft erinnert mich an eine großartige Frau, die Großartiges geleistet und unsere Welt ein Stück besser gemacht hat.

Eine Frau, die mutig war. So mutig, dass sie zu jedem Zeitpunkt ihres Lebens das tat, woran sie glaubte. Die stets für ihre Überzeugung eintrat, ohne Rücksicht auf Verluste. Heute steht für mich der Name Audrey Hepburn für Freiheit, Mut und Unangepasstheit.

Ihr Parfüm lässt mich aber auch an unserer oberflächlichen Gesellschaft zweifeln. Wie kann es sein, dass eine Frau, die als Jugendliche ihr Leben riskierte, indem sie gegen die Nazis tanzte, und sich später weltweit aufopferungsvoll für das Wohl von

Kindern einsetzte, nahezu ausschließlich für ihre Schönheit und Anmut im kollektiven Gedächtnis geblieben ist? Sollten das wirklich die Werte sein, die für uns Frauen zählen? Nach denen wir bewertet werden?

Notiz an uns selbst:

∞ Was können wir tun, um die **Welt** ein Stück besser zu machen?

∞ Ein **Ehrenamt** erzeugt Glück.

∞ Die Schönheit einer Frau spiegelt sich in ihrem **Mut** wider.

Jackie Kennedy:
schön unglücklich

„Ich lernte, mich wegen meinem Bildungshunger nicht zu
schämen, den ich zu verstecken versucht habe."

Jackie Kennedy

Die erste Biografie, die ich in meinem Leben las, war jene über
Jacqueline Kennedy Onassis[29]. In den 50er-Jahren war sie an der
Seite ihres Mannes John Fitzgerald die First Lady der Vereinigten Staaten von Amerika. In meinem Bücherregal stehen etliche
Bücher über bemerkenswerte Frauen, doch keine Persönlichkeit
traf mich jemals wieder derart mitten in mein Herz, wie Jackie
es tat.

Meine mittlerweile auseinanderfallende Ausgabe hege und
pflege ich bis heute. In jede Stadt, in die ich ziehe, zieht Jackie
mit mir. Ab und an blättere ich in ihrer Biografie, meist, wenn ich
mich einsam fühle. Dann streife ich durch die von mir markier-
ten Sätze und fühle mich prompt ein bisschen weniger allein.

Nicht nur das Buch, auch ihre Briefe an den katholischen
Priester Joseph Leonard sind ergreifend. Kurz nach ihrer Hochzeit im Jahr 1952 schrieb sie: „Vielleicht bin ich nur geblendet
und sehe mich selbst in einer Glitzerwelt gekrönter Häupter –
und nicht als traurige kleine Hausfrau. Es ist eine Welt, die von

außen betrachtet sehr glamourös wirken dürfte, aber für Dich, wenn Du drinsteckst – und einsam bist –, die Hölle sein kann."[30] **Diesen Brief schrieb sie nieder, als sie von der ganzen Welt für ihre Schönheit und Anmut gefeiert wurde.**

Die Kennedys sind das Traumpaar der Nation und sie ist die Stilikone schlechthin. Doch die weltweite Bewunderung und der Beifall führen keinesfalls zu einem glücklichen Leben. Sie fordern ihren Preis.

Vielleicht, weil Jackie Kennedy das Leben führte, das sie niemals führen wollte. Ins Jahrbuch ihrer Abschlussklasse schrieb sie einst, sie wolle keinesfalls Hausfrau werden. Vermutlich kämpfte sie deswegen in ihrer Jugend vehement dafür, wahrgenommen und für ihren Intellekt geschätzt zu werden. Ihre Bemühungen sollten kurzzeitig Früchte tragen, galt sie doch während ihres Studiums unter Professoren als „sehr intelligent mit einem echten Talent fürs Schreiben"[31].

Aber das sahen nur die wenigsten in ihr. Die meisten Menschen reduzierten sie konsequent auf ihr Aussehen – und dies lange vor ihrer Zeit als First Lady der Vereinigten Staaten von Amerika. In ihrem ersten Studienjahr am elitären Vassar College wird sie von einem Boulevard-Journalisten zur „Debütantin des Jahres" gekürt. Nicht aufgrund ihrer Fremdsprachenkenntnisse, ihres Interesses für die Kunst oder ihres Talentes als angehende Journalistin, einzig und allein aufgrund ihres äußeren Erscheinungsbildes.

In dem Artikel des Klatschreporters wird sie als „eine majestätische Brünette mit eleganten Gesichtszügen und der Anmut von Dresdner Porzellan"[32] beschrieben. Es ist ein Vorgeschmack auf ihre Zeit als First Lady, in der sie täglich Sätze dieser Art über sich lesen wird. Als die ganze Welt sie für ihre Schönheit bewundert – und sie doch immer nur die Frau an der Seite von John F. Kennedy ist. Ihr eigenes Glück? Unwichtig! Sie hat die ihr dargebotene Rolle zu erfüllen und die „first american" Hausfrau und liebende Mutter der Nation zu sein.

Die glücklichste Zeit in ihrem Leben ist laut ihrer Biografie übrigens ihre Studienzeit in Paris. Dort ist sie frei, unabhängig und vom Wissensdurst getrieben. Die Stadt begeistert sie, die Kultur, die Gärten, das Schloss von Versailles, Notre-Dame.

Während ihre Mutter ihr schon zu Schulzeiten einbläut, sich bloß früh einen reichen Amerikaner zu suchen, lebt Jackie Kennedy glücklich in ihrem kleinen Mansardenzimmer bei einer französischen Familie in der Avenue Mozart, im 16. Arrondissement. Über ihre Zeit in Paris wird sie später sagen: „Ich lernte, mich wegen meines Bildungshungers nicht zu schämen, den ich zu verstecken versucht habe."[33]

In Ungnade fällt Amerikas Sweetheart im Alter von 39 Jahren übrigens auch wegen eines Mannes. Ihre zweite Eheschließung mit dem Industriellenerben Aristoteles Onassis nimmt ihr die Presse übel, wird doch von ihr erwartet, für immer John F. Kennedys brave, sittengetreue Witwe zu mimen. Fortan betiteln sie die Medien nur noch als „Jackie O.". Und sie ist wieder einmal nur die Frau von.

Was sie wohl dazu sagen würde, wie sich die Welt heute an sie erinnert? Wie würde sie reagieren auf Aussagen wie: „Jackie Kennedy Onassis gehört noch heute zu den Ikonen der Schönheitspflege und ihre Beauty-Routine sollte sich wohl jede Frau zu Herzen nehmen"[34] oder „Diese drei Modetrends sind von Jackie Kennedy inspiriert"[35].

Wahrscheinlich würde sie über diesen Fakt nur müde den Kopf schütteln, zu sehr daran gewöhnt, auf ihr Aussehen reduziert zu werden, was sie zeit ihres Lebens hasste.

Was mich zu Fragen über meine Generation führt: Warum wollen wir so gerne für unser äußeres Erscheinungsbild gelobt werden? Wieso tun wir alles dafür, um als „schön" zu gelten?

Warum retuschieren wir unsere Fotos? Warum filtern wir unser Erscheinungsbild, passen es der gängigen gesellschaftlichen Norm an, während Generationen von Frauen vor uns vehement dafür gekämpft haben, mehr als ihre äußere Hülle sein zu dürfen?

Notiz an uns selbst:

- ∞ **Wissenshunger** macht glücklicher als das äußere Erscheinungsbild.
- ∞ Wir müssen damit aufhören, uns auf unser **Äußeres** reduzieren zu lassen.
- ∞ Irgendwann einen Artikel über das wahre **Vermächtnis** Jackie Kennedys in einer reichweitenstarken Zeitung veröffentlichen.

Inhalt vor Schönheit

„Uns ist ein brainshaming lieber als ein bodyshaming. Keiner weiß, wo Triest ist, aber dafür wo der Trizeps ist."

Laura Karasek

Die Biografien von Audrey Hepburn und Jackie Kennedy sind nicht vergleichbar. Während die eine der frenetisch gefeierte Hollywood-Star ihrer Zeit war, mimte die andere die perfekte First Lady der Vereinigten Staaten von Amerika.

Doch die Lehre aus ihren Leben ist exakt dieselbe. Beide waren unzufrieden mit der ihnen von der Gesellschaft zugeschriebenen Rolle. Vor allem kämpften sie, insbesondere Jackie Kennedy, ihr Leben lang dafür, mehr sein zu dürfen als schön. Vergebens. Seit ihrem Tod hat sich der Schönheitswahn nicht verbessert, sondern stetig verschlimmert.

Eine Frau, die über die dramatisch falsche Entwicklung von „Schönheit vor Inhalt" in unserer Gesellschaft bereits vor Jahren schrieb, ist die Autorin und Moderatorin Laura Karasek. Ich bewundere ihre Klugheit, war sie doch vor ihrer Medienkarriere für die führende Wirtschaftskanzlei Clifford Chance tätig. Ihr zweites Staatsexamen schloss sie mit Prädikat ab. Auch sonst ist Karasek scharfzüngig, schlagfertig, eloquent. Schlicht intelligent.

In ihrer *Stern*-Kolumne fragte sie sich bereits im Jahr 2017: „Was passiert mit den Inhalten, wenn wir den ganzen Tag mit

Fotobearbeitungsprogrammen, Anti-Aging und beim Krafttraining verbringen? Unser Körper schwitzt im Fitnessstudio, während unser Kopf auf der Ersatzbank sitzt – und nicht zum Einsatz kommt – nicht mal fürs Aufwärmtraining bleibt Zeit, beispielsweise, um Grundkenntnisse der Politik zu erwerben."[36]

Karaseks Standpunkt, den ich hundertprozentig teile, lautet: „Uns ist ein brainshaming lieber als ein bodyshaming. Keiner weiß, wo Triest liegt, aber dafür, wo der Trizeps ist. Protein-Shakes statt Shakespeare. Botox statt Botero. Shopping statt Chopin. Hanteln statt Händel. Bizeps statt bilingual. Sollte Inspiration nicht vor allem durch geistige Leistung ausgelöst werden?"[37]

Sie hat recht. Insbesondere meine Generation kümmert sich größtenteils viel zu wenig um ihr Hirn. Es ist nichts Schlechtes daran, sich gerne schön anzuziehen. Sich zu schminken. Sich selbst gefallen zu wollen. Aber der Verstand sollte nicht darunter leiden. Intelligenz und Inhalte sind wichtiger als unser Aussehen, das vergänglich ist.

Zuletzt wurde mir das bewusst, als ich mit Bekannten zusammensaß. Während wir in unsere Croissants bissen, Kaffee und Kakao tranken, klönten wir. Ein netter Sonntagmorgen. Bis eine von uns begann, sich über ihren Bauch zu beschweren. Die rechts neben ihr sitzende Frau nickte verständnisvoll. Es folgte ein Monolog über ihre zu dünnen Haare. Auch die dritte zeigte ihre Zustimmung, indem sie sich über ihre unreine Haut aufregte.

Ich wagte mich nicht, laut zu fragen, wer unser Bundespräsident sei. Vermutlich, weil ich die Antwort eh schon wusste: Keine der Anwesenden hätte mir meine Frage beantworten können. Stattdessen hätten sie genervt die Augen verdreht. Wen interessiert schon Politik? Meine Bekannten sind nicht die Norm. Sie sind die Regel. Leider!

65 Prozent der deutschen Frauen wären bereit, zehn IQ-Punkte abzugeben, um einen Schönheitsmakel auszugleichen.[38] Ist das Motto unserer Zeit also: lieber schöner und dafür dümmer?

Ist es für meine Generation wirklich wichtiger, den perfekt trainierten Körper zu haben, als politische Grundkenntnisse zu besitzen? Und was sagt das über uns aus? Warum wollen wir lieber mit unserem Look als mit unserem Verstand glänzen?

Wieso ist uns fehlendes Wissen weniger peinlich, als ein paar nicht gesellschaftlich konforme Kilos zu viel auf den Rippen zu haben? Sind wir schlicht zu faul, uns mit Inhalten auseinanderzusetzen, weil der perfekte Lidstrich einfach schneller gesetzt ist? Warum ist es für uns wichtiger, schön als schlau zu sein?

Notiz an uns selbst:

- ∞ Frauen in unserem Umfeld ermutigen, sich mehr mit dem **Tagesgeschehen** zu befassen.
- ∞ Noch viel mehr **lesen**!
- ∞ **Googeln**, wer Händel war.

Du schuldest niemandem Schönheit

„Dein Selbstwert wird von dir selbst bestimmt. Du bist nicht auf jemand anderen angewiesen, der dir sagt, wer du bist."

Beyoncé

Ich gehöre der Generation Filter an, jener Gruppierung, der das eigene Aussehen unfassbar wichtig ist. Auch für mich war es jahrelang von zentraler Bedeutung, als hübsche Frau wahrgenommen zu werden. Mein Selbstbewusstsein zog ich aus meinem Äußeren und mein Erscheinungsbild nahm einen geradezu absurden Stellenwert ein. Jahrelang. Ich hatte das Gefühl, schön und makellos sein zu müssen, um geliebt zu werden.

Damit bin ich nicht alleine. Wie mir geht es vielen jungen Frauen. Eine Umfrage der britischen Non-Profit-Organisation *Girlguiding* ergab, dass 66 Prozent der Mädchen zwischen elf und 21 Jahren das Gefühl haben, nicht gut auszusehen.[39]

Die Autorin Erin McKean hat einmal gesagt: „Du schuldest niemandem, schön zu sein. Nicht deinem Freund, nicht deiner Mutter, nicht deinen Kollegen und insbesondere nicht zufälligen Männern auf der Straße. Du schuldest es nicht der Zivilisation im Allgemeinen. Schönheit ist keine Miete, die wir für die Besetzung eines weiblich gekennzeichneten Raums zahlen."[40]

Manchmal frage ich mich, wie meine Jugend gewesen wäre, wenn ich dies schon früher verstanden hätte. Dachte ich doch zu lange, dass ich der Gesellschaft und meinem Umfeld Schönheit schulde. Mein Drang nach Makellosigkeit und Perfektion begann mit einem Casting.

Sommer 2009

Es ist heiß. Bestimmt über 30 Grad. Ich sitze in einem Raum mit sehr vielen Mädchen. Die meisten sind blond, so wie ich. Wir sind alle ungefähr in demselben Alter. Ich versuche, mich von den Gesprächen der anderen nicht ablenken zu lassen, konzentriere mich auf das Papier in meiner Hand und gehe meinen Text durch. Wort für Wort, Zeile für Zeile. Lautlos murmele ich die Sätze vor mich hin. Gleich beginnt mein Vorsprechen für die Rolle der Betty in dem deutschen Disney-Film *Rock It!*.

Dieses Mal soll ich nicht nur schauspielern, sondern auch singen. Das Lied *La La Land* von Demi Lovato habe ich selbst ausgewählt. Noch nie zuvor habe ich in der Gegenwart anderer Menschen gesungen. Deshalb bin ich nervös, streiche mir durch die Haare, schaue auf die Uhr und überlege, wann ich wohl dran bin.

Dann ist er da, der Moment, in dem ich abliefern muss. Ich spiele einige Szenen, singe und verlasse den Casting-Raum mit einem guten Gefühl. So schlimm war das Vorsingen gar nicht. Aber ob ich die Rolle der Betty spielen darf? Ich zweifele. An mir und an meiner Leistung.

Wenige Tage später kommt die Zusage. Ich bin überglücklich. Es folgen vier Wochen Schauspieltraining und Gesangsunterricht. Die Zeit ähnelt einer Klassenfahrt. Es ist nur noch viel schöner.

Ich merke, wie sehr ich die Schauspielerei liebe, das Adrenalin vor den Szenen, die Möglichkeit, in eine neue Welt einzutauchen. Das völlige Kontrastprogramm zu meinem Schulalltag.

Dann beginnen die Dreharbeiten. Plötzlich verspüre ich immer öfter den Drang, mich von meiner besten Seite zeigen zu müssen, mich zu perfektionieren. Vielleicht, weil ich Teil dieser Welt sein möchte. Ich habe den Eindruck, makellos schön sein zu müssen.

Dieser Prozess ist schleichend. Irgendwann gehe ich nicht mehr ohne Schminke aus dem Haus. Sitzt mein Make-up? Meine Kleidung? Sehe ich okay aus? Nicht weil ich nach Komplimenten lechze, sondern weil ich meine Unsicherheit verbergen möchte.

Während der deutschlandweiten Promo-Tour für *Rock It!* ist mein Terminkalender jetzt eng durchgetaktet. Premieren, Talkshow-Auftritte, Blitzlichtgewitter. Es geht nur noch darum, wann ich wo zu sein habe. Und wie ich aussehe.

Zunächst stört es mich nicht, will ich doch genau das, nämlich Teil dieser Glamourwelt sein. Ein Wermutstropfen ist jedoch, dass ich gerade wenig Kontakt mit meinem Vater habe. Er findet, ich würde mich zum Negativen verändern. *Rock It!* hätte mich oberflächlich werden lassen.

Je öfter ich in der Öffentlichkeit stehe, umso mehr beginne ich, mein Aussehen zu überprüfen – und die Reaktionen auf meine Person. Manch negativer Kommentar unter dem YouTube-Trailer von *Rock It!* trifft mich wie ein Dolch ins Herz.

Eigentlich müsste ich total glücklich sein. Mein Traum, in einem Kinofilm mitzuspielen, ist wahr geworden. Nach außen hin bin ich das auch: das glückliche, erfolgreiche Mädchen. Doch in meinem Inneren bin ich unsicher, nicht mit mir im Reinen. Unglücklich.

Sommer 2020

Es gibt Ereignisse im Leben, die dich nachhaltig verändern. Wo dir erst in der Rückblende bewusst wird, wie sehr dich diese Momente prägten.

Ich bin mir sicher, dass mein zu lang gelebter Wahn der Schönheit und äußerlichen Perfektion durch *Rock It!* entstanden ist. Die Gründe sind vielfältig. Zum einen bin ich zu jung in diese Welt reingeschlittert und hatte zu wenig Selbstbewusstsein für das, was auf mich zukam. Zum anderen war ich nicht in der Lage, zwischen Arbeit und Privatleben zu unterscheiden.

Wie auch? Ich war 16 Jahre alt. Wenn ich heute einen Film beende, ist es mein Job, der endet. Die konstante Bewertung meines Aussehens, die mit der Schauspielbranche einhergeht, hat nichts mit mir als Privatperson zu tun.

Jetzt, an diesem lauen Sommerabend, bin ich traurig, mich in meiner Teenagerzeit nicht weniger um mein Aussehen geschert zu haben. Ich hätte weniger lange mein Selbstbewusstsein von äußeren Faktoren wie Schönheit abhängig machen sollen.

Wenn man immer nach Bestätigung von außen sucht, wird man sich selbst nie genug sein. Auch heute passiert mir das ab und an, doch im Gegensatz zu früher wird es mir bewusst und ich höre sofort auf mit dem Quatsch.

Meine goldene Regel lautet: Kenne ich meinen Wert und weiß, dass ich genug bin, brauche ich die Bestätigung von außen nicht.

Ich würde mein jüngeres Ich jetzt gerne in den Arm nehmen, ihr über den Kopf streichen, in die Augen sehen und sagen: „Rede dir bitte nie, nie, nie wieder ein, dass du für irgendetwas nicht gut, nicht schlau, nicht schön, nicht witzig genug bist. Konzentriere dich auf dich selbst. Schönheit kommt und geht. Die Werte, die am Ende des Tages zählen, haben nichts mit

Aussehen oder Schönheit zu tun. Es geht vielmehr darum, ein liebevoller, freundlicher, bodenständiger und herzlicher Mensch zu sein. Am Ende des Tages erinnern sich die Leute nicht an dein Aussehen, sondern daran, was du sie hast fühlen lassen. Vor allem bist du es verdammt nochmal niemandem schuldig, schön zu sein! Nicht einmal dir selbst."

Alle Leben sind unterschiedlich. Aber solltest du dich aufgrund deines Aussehens unsicher fühlen, an dir zweifeln oder dich fragen, ob du den Ansprüchen genügst, solltest du überlegen, woher dieses Gefühl kommt. Wann und vor allem wodurch wurde es in dir geweckt? Es gibt für alles immer einen Ursprung.

Es ist wichtig, zu diesem Ursprung zurückzukehren. Der Prozess ist schmerzhaft und hat viel von einer Versöhnung mit unserem jüngeren Ich. Aber es ist heilsam.

Notiz an uns selbst:

- ∞ Unsicheres Auftreten hat immer einen **Ursprung**.
- ∞ **Werte**, die wirklich zählen, haben nichts mit Schönheit zu tun.
- ∞ Die Fokussierung auf unser Aussehen hemmt das **Glück**.

Das Casting meines Lebens

„Schönheit bedeutet nicht, perfekt auszusehen. Es geht darum, die eigene Individualität zu lieben."

Bobbi Brown

Mein Entschluss, mich mit meiner Vergangenheit auseinanderzusetzen, rührt von derselben Begebenheit, in der meine Selbstzweifel einst entstanden: von einem Casting.

Februar 2018

Der Tag beginnt mit meiner morgendlichen Beauty-Routine. Make-up drauf, bis meine Sommersprossen nicht mehr zu sehen sind. Gekonnte schwarze Linien mit dem Kajal, angeklebte Wimpern, Wangen-Contouring, Lipgloss. Dann kann es losgehen. Auf dem Weg zum Casting fühle ich mich unsicher. Ständig frage ich mich: Passt alles noch? Sitzt mein Make-up? Wie werde ich bei den Entscheidern ankommen? Ob sie mich hübsch finden?

Ich schaue auf meine Uhr, 10.50 Uhr. Pünktlich also. „Schön, dass es geklappt hat", begrüßt mich die Empfangsdame. Sie schenkt mir ein Glas Wasser ein. Ich gehe meinen Text erneut durch.

11.15 Uhr, eine blonde, etwas ältere Schauspielerin mit lockerem Dutt auf dem Kopf kommt aus dem Raum. Sie begrüßt mich kurz, packt ihren Casting-Text ein und geht. Ich bin die Nächste.

Ich werde hineingerufen. Immer noch nervös, streife ich mir eine Strähne aus dem Gesicht.

Die erste Szene. Nach keinen 30 Sekunden unterbricht mich die Casterin. Gutes oder schlechtes Zeichen? Stille. Sie schaut auf den Bildschirm, dann zurück zu mir.

„Du musst dir bewusst sein, dass du gut genug bist. Weniger Make-up, mehr von dir."

Perplex schaue ich sie an und bekomme glasige Augen. Übelkeit überkommt mich. Mit dieser Art von Kritik kann ich nicht umgehen. Überhaupt nicht.

Ich schaue sie an und nicke beschämt. Das Ganze fühlt sich wie ein schlechter Traum an.

„Mach dir bitte einen Zopf, dann starten wir nochmal von vorne."

Gehorsam folge ich ihrer Anweisung. Dann geht es wieder los. Ich gebe alles und bekomme schließlich ein Kompliment für mein Spiel, doch höre ich es kaum.

Als ich das Gebäude verlasse, schnappe ich nach Luft. Tausend Fragen gehen mir durch den Kopf. Warum verstecke ich mich hinter dem Make-up? Wieso ist das der Casterin negativ aufgefallen? Habe ich heute zwei Rollen gespielt? Eine mit Make-up im Mittelpunkt und eine mit – was eigentlich?

Immer wieder denke ich über diesen einen Satz nach: „Weniger Make-up, mehr von dir." Auch noch am Abend. Ich bin mit meiner Freundin Lena auf einer Party anlässlich der Berlinale. Mit dabei mein Herzensmädchen und meine Kindheitsfreundin Shirin. Nachdem wir irgendwann genug von dem üblichen Branchen-Talk haben, plagt uns der Hunger. Lena schlägt vor, frühstücken zu gehen.

„Um 2.10 Uhr?", frage ich sie skeptisch und schaue auf mein Handy. „Wo willst du jetzt ein Frühstück herbekommen?"

„Im Benedict kann man rund um die Uhr frühstücken", erwidert Lena. 15 Minuten später nehmen wir an einem kleinen runden Tisch am Fenster Platz. Wir stoßen mit Mimosas an und bestellen gefühlt die halbe Karte. Während wir bei Eggs Benedict und unglaublich leckeren Vanillesaucen-Pancakes über das Leben und die Männer philosophieren, lasse ich den Casting-Tag Revue passieren.

Mir wird bewusst, wie wundervoll dieser Moment mit meinen Freundinnen ist. Drei Frauen, die sich so akzeptieren, wie sie sind, die lachen und einfach das Leben genießen.

Meine komplette Unsicherheit fällt von mir ab. Nachts um zwei Uhr, beim Frühstücken mitten in Berlin, bin ich vielleicht das erste Mal in meinem Leben ganz ich selbst.

Ach ja: Die Rolle habe ich nicht bekommen, aber das Casting war trotzdem das wichtigste in meinem bisherigen Leben.

Notiz an uns selbst:

∞ Versuche nicht, die **Rolle** zu gewinnen, sondern erobere den Raum.

∞ Weniger **Make-up**, mehr von dir.

∞ Auch wenn es hart ist: Nimm konstruktive **Kritik** immer an.

Warum Barbie eine Feministin ist

„Die Mädchen werden zu Sklavinnen erzogen und gewöhnen sich an den Gedanken, sie seien lediglich auf der Welt, um es ebenso zu machen wie ihre Großmütter – Kanarienvögel zu halten, kleine Topfrosen zu begießen, zu stricken oder Kragen zu häkeln."

Honoré de Balzac

Es sind nicht ausschließlich die Begegnungen in unserem Leben, die uns langfristig prägen. Oft sind es auch Gegenstände, die unsere Entwicklung nachhaltig beeinflussen.

Vor allem das Spielzeug, das wir in der Kindheit geschenkt bekommen, ist entscheidend für unseren späteren Lebensweg. Und von einem heißt es, es solle gar schädlich für die Entwicklung von kleinen Mädchen sein: die Barbiepuppe. Sie gilt als die absolute Antifeministin, als Feindbild. Aber ist das wirklich so? Gehört Barbie verboten?

Ein Donnerstagabend in Berlin. Im pastellfarbenen Cocktailkleid, gepaart mit rosafarbenen High Heels, betrete ich das Restaurant Cafe Moskau. Ich kann es kaum erwarten, dem Geburtstagskind zu gratulieren. Sechs Jahrzehnte. Wahnsinn. Zwischen handgeschriebenen Tischkarten, rosa Blumen und pinken

Kronleuchtern entdecke ich sie: Barbie. Die Heldin meiner Kindheit.

Viel hat sich nicht verändert, seit ich Ärztin spielte und mein eigenes Königreich hatte. Heute steckt Barbie, passend zum Motto „You can be anything", in einem Astronautenanzug. Ihre Figur ist rundlicher geworden, die Haare sind dunkler. Das alleine macht natürlich noch keine Feministin aus ihr.

Auch die neuen Körperformen – groß, klein, kurvig und klassisch – sind für mich kein nennenswerter Beitrag zur Female-Empowerment-Bewegung. Vielmehr ist es nur eine kluge Marketingstrategie des Spielzeugherstellers Mattel. Warum also ist Barbie für mich eine Feministin? Aus vier Gründen.

Erstens: Barbie-Erfinderin Ruth Handler ist ein Vorbild

Es sind die 1930er-Jahre. Der neueste Fotoknigge ist erschienen und klärt schonungslos auf: Trage einen BH, wenn du einen brauchst! Lass deine Verabredung niemals warten! Benutze nicht seinen Rückspiegel, wenn du dich schminken möchtest. ER benötigt ihn zum Autofahren! Frau lernt: Frisch gebügelte Hemden erwärmen jedes Männerherz und abends sollte Frau nicht plappern, sondern ihrem Mann zuhören. Er ist es, der einen harten Tag hatte. Er ist der Versorger der Familie.

Die junge Ruth Handler, gebürtige Mosko, Jahrgang 1916, schert sich um die männlichen Befindlichkeiten wenig. Sie wandert von Russland in die USA aus, studiert und gründet mit ihrem Mann ihr eigenes Unternehmen. In dieser Zeit sind Firmengründerinnen kaum vorhanden. Handler ist mit ihren beruflichen Ambitionen eine Rarität. Sie verkauft, was er entwirft: Leuchten, Flugzeugmodelle und Plastikbilderrahmen.

Gelebte Gleichberechtigung. Und das in einer Zeit, in der das Wort Female Empowerment noch nicht einmal existierte.

In Handlers Familie ist eine arbeitende Frau jedoch nicht ungewöhnlich, da viele Verwandte so arm sind, dass die ganze Familie etwas zum Lebensunterhalt beitragen muss.

In ihrer Branche ist Ruth dennoch eine Exotin. Nicht nur einmal muss eine Tagung verlegt werden, weil sie am eigentlichen Veranstaltungsort – elitäre Männerclubs – aufgrund ihres Geschlechts nicht hätte teilnehmen dürfen.

Der Erfolg gibt ihr recht. Während Ruth ein Händchen fürs Marketing hat, beginnt ihr Mann, Spielzeuge wie die Plastikgitarre „Uke-A-Doodle" zu entwerfen. Die Gitarre wird der erste große Hit von Mattel. Sechs Jahre nach der Gründung hat das Unternehmen schon 600 Angestellte. 1959 erfindet Ruth dann die Puppe, die die Spielzeugwelt revolutionieren wird. Barbie.

Der Grund für ihre Erfindung: Sie stört, dass kleine Mädchen immer nur das Muttersein spielen sollen. Stattdessen sind sie jetzt Barbie, eine erwachsene Frau.

Warum so viele Menschen ihre Erfindung verurteilen, wird die Einwanderin bis zu ihrem Tod nicht verstehen: „Meine ganze Philosophie von Barbie war, dass Mädchen durch die Puppe das sein können, was sie wollen."[41] Mädchen sollen mit Barbie lernen, dass sie alle Wahl der Welt haben und nicht nur Mütter werden müssen.

Zweitens: Barbie war schon Single, als es das Wort noch gar nicht gab

Es klingt wie ein Witz, aber Barbie war in den 1950er-Jahren überzeugter Single. Mattel hat ihr erst 1961 den schnieken Plastik-Boy Ken zur Seite gestellt. Und was tut das Püppchen? Verlässt ihn 2004, nach 43 Jahren, für ihren Lover Blaine, ehe sie 2011 werbewirksam zu ihm zurückkehrt. Das toppt für mich nur eine: Heidi Klum. Während das Topmodel Fotos mit ihrem 17 Jahre jüngeren Ehemann, dem Gitarristen Tom Kaulitz, postet, frage ich mich, ob Heidi als kleines Mädchen viel mit Barbie gespielt hat.

Drittens: Barbie akzeptiert einen Meerjungmann in ihrer Kollektion

Seit diesem Jahr gibt es Ken als Meerjungmann, inklusive weißer Halskette, gefärbten Augenbrauen und getuschten Wimpern. Die Vermittlung von klassischen Rollenbildern soll endlich der Vergangenheit angehören. Barbie akzeptiert ihren Mann mit pastellfarbener Glitzerflosse und Schminke. Mehr kann sie nicht für ein Umdenken im Kopf tun.

Viertens: Barbie ehrt Frauen, die Vorbilder sind

Wie sie aussieht, was sie trägt und welchen Beruf sie ausübt, beeinflusst die Sozialisierung von Kindern auf der ganzen Welt. Barbie ist das bewusster denn je. Anstatt ihren eigenen Geburtstag zu feiern, widmet sie Frauen, die eine jeweils neue Generation inspirierten, eine eigene Puppe. Dazu gehören in Deutschland beispielsweise die Aktivistin Adwoa Aboah oder die querschnittsgelähmte Bahnradsportlerin Kristina Vogel. Auch Bundeskanzlerin Angela Merkel und Bertelsmann-Eignerin Liz Mohn bekamen ihre eigenen Barbies.

Das erkennen auch Barbies Kritiker an. „Mattel hat wahnsinnig viel in Barbie investiert – in soziale Medien oder eine Fernsehserie für Kinder. Dort sind sie definitiv im Jetzt angekommen"[42], erklärt die Genderforscherin und Pinkstinks-Gründerin Stevie Schmiedel in einem Artikel der *Welt*. Die Marke zeige sich heute „sehr divers".

Ich stimme der Genderforscherin zu. Natürlich hätte Barbie früher starten müssen, die Körperformen zu verändern. Aber für mich zählt, *dass* sie es tat. Und ich freue mich schon, später mit meinen dann hoffentlich vorhandenen Töchtern mit Barbie zu spielen. Und keine Frage – natürlich wird es zu jeder Barbie auch ein passendes Wissenschaftsspielzeug geben.

Notiz an uns selbst:

∞ Erst die **Hintergründe** kennen, bevor wir über einen Menschen urteilen. Das gilt auch für Puppen.

∞ Genauso wie Ruth Handler für die eigenen **Träume** kämpfen.

∞ Wir brauchen mehr weiblichen **Unternehmerinnengeist**.

Kindsmütter im Einsatz

*„Ich will, dass jedes Kind, Junge oder Mädchen, selbst-
ständig wird. Kinder sollen erfahren: Man kann so viel
Macht haben wie Pippi."*

Astrid Lindgren

Während meine imaginäre Tochter mit Barbie spielen darf, wird
mir ein Spielzeug der Firma Zapf Creation AG niemals ins Haus
kommen: Baby Born. Wem die Marke nichts sagt: Baby Born ist
eine 43 cm große Puppe in der Gestalt eines Babys. Kostenfak-
tor: 44,90 Euro. Altersempfehlung: drei bis fünf Jahre.

In der Marketingsprache des Spielzeugherstellers liest sich das
Spielvergnügen für kleine Mädchen wie folgt: „Die Baby Born
Soft Touch Puppe begeistert mit der weichen Haut und den neun
lebensechten Funktionen, die für ein authentisches Spielvergnügen sorgen. Puppeneltern können Baby Born mit dem speziellen
Brei füttern, ihr die Flasche geben oder mit ihr in der Badewan-
ne planschen. Wenn sie traurig ist, weint sie echte Puppentränen
und kann auf Knopfdruck Pipi oder ‚das große Geschäft' in ihre
Windel machen. Sobald sie auf den Rücken gelegt wird, schließt
sie ihre blauen Augen zum Schlafen. Dabei hat sie am liebsten
ihren glitzernden Schnuller im Mund."[43]

Auf dem Werbeplakat ist ein vielleicht dreijähriges Mädchen
abgebildet, das seine Baby Born aufs Töpfchen setzt. Auf dem

nächsten Foto wird die Puppe von dem braunhaarigen Mädchen mit den zwei Zöpfen gewickelt. Es wird erwähnt, dass mit der Puppe auch der Geburtspass für die Kindsmutter geliefert wird.

Ich frage mich schon seit Längerem, wie es sein kann, dass Mädchen, die gerade erst über das Windelalter hinweg sind, Windeln wechseln wollen. Warum soll eine Dreijährige das Muttersein üben und einen Kindspass besitzen? Welche Fähigkeiten, Werte und Vorstellungen vermittelt Baby Born den Spielenden?

Gegen Baby Born hege ich persönlich eine ausgeprägt heftige Aggression, die vielleicht in diesem Ausmaß nicht ganz angemessen ist. Das gestehe ich. Doch ist es bewiesen, dass genderspezifisches Spielzeug die Problematik Schönheit = Glück nährt und verschlimmert.

Jemand, der sich über die unterschiedlichen Spielwelten für Jungen und Mädchen besonders echauffieren kann, ist Uta Brandes, Professorin für Gender und Design. Gegenüber dem Deutschlandfunk empört sie sich: „Das Schlimme ist, dass die Mädchenrollen darin passiv sind, nur auf Schönheit, auf sinnlose Tätigkeiten festgelegt, bestenfalls gehen die Mädchen in diesen Spielen mit ihrer Katze zum Tierarzt. Sie sind nie erwerbstätig. Sie müssen immer gerettet werden, als Prinzessin, aus irgendeiner misslichen Lage, aus der sie sich selbst nicht befreien können."[44]

Als Genderforscherin untersucht Brandes den Zusammenhang von Gestaltung und Geschlecht. Typisches Mädchenspielzeug vermittle oft die Botschaft, es komme vor allem auf Schönheit und Hilfsbereitschaft an, so Brandes gegenüber dem Deutschlandfunk, während den Jungen signalisiert werde, sie müssten Helden, Retter und Kämpfer spielen.

Das ist so gefährlich, weil „es Rollen festlegt, die mit Hierarchie und mit Wertigkeit zu tun haben. Wir können schon feststellen, dass die Rollen, die mit typischer Weiblichkeit zu tun haben, das hat immer zu tun mit Dienen, Helfen, Pflegen, Heilen. Und die anderen, das sind die Tatkräftigen, die etwas in Schwung bringen. Jetzt könnte man sagen: Ja und, ist doch egal. Aber es ist eben gesellschaftlich sowohl finanziell als auch im Ansehen unterschiedlich bewertet."[45]

Ich bin fest davon überzeugt, dass sich viele Frauen später nicht mehr als Schönheit zutrauen, weil ihnen von klein auf symbolisiert wird, wie wichtig das äußere Erscheinungsbild ist. Aber wenn wir den Glaubenssatz Schönheit = Glück durchbrechen wollen, müssen wir bei der Erziehung der heranwachsenden jungen Frauen ansetzen.

Fast alle von uns haben in irgendeiner Weise mit kleinen Mädchen zu tun. Ob als Mutter, Schwester, Tante, Cousine, Patin: Warum zum nächsten Geburtstag nicht mal ein *Was ist Was*-Buch über Raketen anstelle des rosafarbenen Puppenschlosses verschenken?

Meinen Traum für das Heranwachsen junger Mädchen hat die Anwältin Reshma Saujani in einem Interview mit dem *Spiegel* wie folgt formuliert: „Lasst die Mädchen sich schmutzig machen. Lasst sie sich die Knie aufschlagen. Lasst sie von Schaukeln fallen und ermutigt sie dazu, es danach einfach noch mal zu probieren. Und noch mal. Und noch mal. Lasst sie ihre Hände benutzen. Und Dinge bauen und sie wieder zerstören. Bringt ihnen bei, alles zu sagen, was sie wollen, ohne zu überlegen, ob sie es damit allen recht machen oder vielleicht jemandem zur Last fallen."[46]

Notiz an uns selbst:

∞ Für immer **Baby Born** hassen.

∞ In der **Jungenecke** Geschenke für Mädchen einkaufen.

∞ Kleinen **Mädchen** nicht immer sagen, wie hübsch sie seien.

Mode ist Selbstbestimmung

„Das Geheimnis des Glücks ist die Freiheit, und das Ge-
heimnis der Freiheit ist der Mut."

Perikles

Ein sonniger Tag im Juni. Die Schule ist vorbei, das Abitur be-
standen. Am Rande der Zeugnisvergabe lese ich meine Charak-
terisierung in unserem Jahrbuch: „Wenn das Getuschel losgeht
und sich alle umdrehen, kann es nur eine sein, die mit ihrer
,Frau-von-Welt-Tasche' und der Gucci-Sonnenbrille auf High
Heels einen ihrer legendären Auftritte hinlegt."

Rückblickend war das der erste Moment, in dem mir auf-
fiel, dass meine Mitmenschen mich nach meiner Kleidung beurteilen. Jeden Tag. Ich weiß noch, wie sehr mich die Worte
zunächst brüskierten. Dann waren sie mir egal. Auffallen ist
für mich noch nie ein Problem gewesen. Ich polarisiere aus-
gesprochen gern.

Und die Blicke meiner Lehrerinnen und Mitschülerinnen?
Unwichtig. Ich war in das Leben verliebt, selbstbewusst und froh,
dass die Schule endlich vorbei war. Später wurde ich für die Be-
urteilungen von außen anfälliger. Denn im Berufsleben ist Auffallen nicht immer die beste Idee.

Während ein gepflegter Kleidungsstil Angepasstheit und Ordnung vermittelt, wird extravagante Kleidung häufig verurteilt.

Ich denke da vor allem an meine Zeit in der Unternehmensberatung. Anstelle des obligatorischen Hosenanzuges stellte ich fröhlich meine kurzen Röcke und hohen Schuhe zur Schau. **Das Resultat: Mein Modegeschmack wurde in der Kaffeeküche wesentlich häufiger diskutiert als meine Leistung. Und das nicht immer zu meinem Vorteil. Auch nicht, nachdem mich meine Kollegen besser kennengelernt hatten.**

Dieses Phänomen ist sogar wissenschaftlich bewiesen: Vivian Zayes, Professorin für Psychologie an der Universität Cornell, hat herausgefunden, dass wir einen Menschen auch dann noch nach seinem ersten Eindruck beurteilen, wenn wir bereits mit ihm gesprochen haben. Der erste Eindruck, beispielsweise ein kurzes Hallo oder ein Foto, bleibt also vorherrschend. Eine weitere Untersuchung aus den USA ergab, dass gut gekleidete Menschen abstrakter und in größerem Rahmen denken können.

Stilberater empfehlen deshalb karrierewilligen Mitarbeitern: Kleide dich nicht für die Position, die du hast, sondern für die, die du willst. Ich empfinde dieses Sprüchlein als falsch. Meine Devise lautet: Kleide dich so, dass du dich gut fühlst. Nur dann kannst du glänzen. Dabei sollte Kleidung selbstredend sinnvoll und smart eingesetzt werden.

Mit Tanktop und Hotpants im Office aufzulaufen zeugt von fehlender Wertschätzung gegenüber dem Unternehmen. Aber als ich damals in der Unternehmensberatung begann, mich anzupassen und Hosenanzüge zu tragen, wurde ich nur eines: unglücklich! Denn ich liebe nun einmal Kleider.

Ich trage sie übrigens nicht, um Männern zu gefallen, sondern weil sie meine Uniform sind. Meine Rüstung. Schon als Kind trug ich am liebsten glitzernde Kleider. Das Dornröschen-Kleid aus dem Disney Store in Amerika war über Jahre mein wichtigster Besitz.

Auch zu Karneval wollte ich immer nur eines: Prinzessin sein. Egal, wie oft meine Mutter mir erklärte, ich solle doch lieber mal Cowboy werden. Auch ihr Versuch, für mich einen Hosentag einzuführen, scheiterte kläglich. Trotzdem war es gut, dass sie mich dann und wann in Latzhose und Jeansjacke zwängte.

Das Wichtigste aber war, ich durfte mir immer meine Kleider versauen. Nicht ein einziges Mal habe ich in meiner Kindheit gehört, ich solle aufpassen, dass ich mich nicht schmutzig machte.

Neben meiner Leidenschaft für Kleider gehören High Heels zu meiner Uniform. Ich gefalle mir in ihnen am besten. Durch die Absätze fühle ich mich nicht nur von meiner Körpergröße her größer. Warum ich das überhaupt erwähne? Weil meine Vorliebe nur selten auf Gegenliebe stößt. Besonders Frauen mögen meinen Kleidungsstil nicht. Überhaupt nicht.

Kostprobe gefällig? An einem sonnigen Tag sagte ein Kameramann scherzhaft zu den anwesenden Frauen: „Zieht euch doch auch mal so an wie sie."

Die Antwort einer der Damen: „Ich will doch nicht, dass mir auch alle auf den Arsch starren."

Wumms. Das hatte gesessen. Nicht der flapsige Kommentar des Kameramannes, auch wenn er eindeutig überflüssig war. Entwürdigend war für mich die Reaktion der Frau.

Die Entscheidung darüber, so auszusehen, wie ich es möchte – und nicht, wie mein Umfeld es von mir verlangt –, bedeutet für mich Freiheit und Haltung. Andere Frauen dafür zu beschämen, dass sie sich um ihr Aussehen kümmern, ist eine Form von Frauenfeindlichkeit und mündet in deren eigener Unfähigkeit zu erkennen, wie sehr sie in ihrem Klischeedenken gefangen sind.

Ich lebe meine modischen Leidenschaften nach wie vor aus, auch in meinem beruflichen Kosmos. Alles andere würde sich falsch anfühlen. Das Getuschel ist mir dabei herzlich egal. Ich kommentiere ja auch nicht die schlecht sitzenden Anzüge mancher meiner Kollegen.

Mein Vorbild ist die 65-jährige französische Präsidentengattin Brigitte Macron. Sie vertraut selbst bei offiziellen Anlässen auf ihre kurzen Röcke und zeigt mir damit einmal mehr, dass Mode ein Zeichen der Selbstbestimmung ist.

Als der US-Präsident Donald Trump zu ihr meinte: „Sie haben sich so gut gehalten", und danach im Invalidendom noch nachlegte, indem er sich zu seinem französischen Kollegen wandte und sagte: „Sie ist in so einer tollen körperlichen Verfassung. Das ist schön"[47], absolvierte die First Lady den Staatsbesuch einfach souverän weiter.

Was ich gelernt habe: Wie Menschen uns wahrnehmen, hat weniger mit uns als mit ihren eigenen Vorurteilen zu tun.

Eine blonde, junge Frau in kurzen Röcken will ganz klar nur den Männern gefallen. Solche Vorstellungen anderer sind mir heute, mit 28 Jahren, herzlich egal. Sollen sie das doch denken. Was ich persönlich trotzdem nicht mehr mache? Auffällige Pelzjacken mit roten Markenhandtaschen zu kombinieren.

Vielleicht, weil sich mein Stil mit den Jahren verändert hat. Vielleicht aber auch, weil es nichts mit Selbstbestimmung zu tun hat, das Fell von Tieren zu tragen, sondern an Ignoranz kaum zu überbieten ist.

Notiz an uns selbst:

- ∞ Mode ist ein Zeichen der **Selbstbestimmung**.
- ∞ Vom **Klischeedenken** der anderen dürfen wir uns nicht beeinflussen lassen.
- ∞ Bleib dir selbst **treu**!

Sexismus im Job

„Wir sind besser dran, wenn Frauen gestärkt werden –
das führt zu einer besseren Gesellschaft."

John Legend

Nicht nur unsere Kleidung kann im Berufsleben ein Thema sein. Zu oft wird auch unsere vermeintliche Schönheit anstelle unserer Leistung diskutiert. Besonders oft sind junge Frauen davon betroffen, die noch am Anfang ihres Berufslebens stehen. Das bedeutet jedoch nicht, dass immer ein Mann der Täter ist. Beide Geschlechter sind gleichermaßen zu Sexismus fähig. Leider!

Die traurige Wahrheit: Sexismus gehört in Deutschland zum Berufsalltag dazu.

Das gilt auch heute noch, im Jahr 2020, weswegen die folgenden Begebenheiten es wert sind, erzählt zu werden. Unsere Selbstliebe hat viel damit zu tun, wie Menschen uns gegenübertreten, über uns urteilen. Manch eine Reduzierung im Berufsleben lähmt uns gar, die nächste Stufe auf der Karriereleiter zu erklimmen.

Die Geschichten, die du gleich lesen wirst, sind reale Erlebnisse von Frauen und einem Mann. Ihre Namen, oder welche Geschichte davon die unsere ist, tut hier nichts zur Sache. Denn wir sind du. Und du bist wir. Wir würden uns freuen, wenn du, unsere Leserin, dich bei der folgenden Lektüre fragst:

◊ Möchte ich in einer Welt leben, in der Sexismus zum All-
    tag gehört?
◊ Wünsche ich mir diese Erlebnisse für meine Schwester,
    Nichte, Tochter, Enkelin?
◊ Sollte im Job nicht nur die reine Leistung zählen?

„Ich bin Journalistin. Mir sind Sexismus und die Reduzierung
auf meine Optik schon derart oft begegnet, dass ich lange überlegen musste, welches Erlebnis ich hier teile. Oft begegnet mir
Sexismus übrigens nicht bei Männern, sondern bei Frauen. Beispielsweise begannen, als ein früherer Chef mir persönlich Aufgaben erteilte, die Frauen um mich herum zu lästern: ‚Er holt
sie doch nur in sein Büro, weil er sie so toll findet und gerne
anschaut. Mir hat er noch nie eine Aufgabe gegeben, obwohl ich
schon viel länger hier bin.‘ Oder auch: ‚**Wenn unser Chef könnte, würde er doch sofort was mit ihr haben.**‘
    Der Verdacht: Irgendetwas muss da doch gehen, warum sollte
er sie sonst bevorzugen? Immer wenn ich solchen Bemerkungen
gewahr wurde, wiegelte ich ab, rechtfertigte mich und erklärte,
dass der Chef mich überhaupt nicht attraktiv fände. Heute schäme ich mich dafür. Ich hätte für mich selbst eintreten und den
keifenden Lästerziegen sagen müssen, was ich von ihnen halte.
Nämlich rein gar nichts. Mein damaliger Chef hat sich mir gegenüber übrigens nie sexistisch verhalten. Er bat mich stets um meine Meinung bei Sachthemen.
    Das Verhalten meiner ehemaligen Kolleginnen war nicht nur
mir, sondern auch dem Chef gegenüber asozial. Unterstellten die
keifenden Weiber ihm doch, Personalien schwanzgesteuert zu
entscheiden und Mitarbeiter nicht nach Leistungsbereitschaft
einzustellen. Ergo: kein Gewinn für das Unternehmen!“

„Ich bin Schauspielerin und wurde zu einem Event eingeladen. Nichts Unübliches in meiner Branche. Ich gehe oft auf Veranstaltungen und eigentlich sind diese auch immer sehr nett. **Als ich aber an diesem Abend an der Hotellobby ankam, wurde mir gesagt, ich würde mit dem Herrn, der mich eingeladen hatte, ein Zimmer teilen.** Daraufhin erklärte ich, dass das nicht sein könne. Ich betonte, ganz sicher ein Einzelzimmer zu haben. Daraufhin der Portier: ‚Nein, für Sie wurde definitiv ein Doppelzimmer reserviert. Ihre Begleitung hat extra ein Upgrade gebucht, inklusive Whirlpool.‘ Daraufhin habe ich mir selbst ein Einzelzimmer gebucht und dem Portier gesagt, auf gar keinen Fall irgendwem meine Schlüsselkarte zu geben."

„Ich bin als Manager in der Industrie tätig. Bis ich von der Universität abging, war Gleichberechtigung für mich nie ein Thema gewesen. Allein das Können sollte entscheiden, wer den Job bekommt, nicht das Geschlecht. Diese Sicht muss ich heute leider revidieren. **In meinem engsten Tätigkeitsumfeld kann keine Frau für mich arbeiten. Schon gar keine gutaussehende.** Man würde uns nicht nur eine Affäre andichten, sondern mir unterstellen, ich hätte sie aufgrund ihres Aussehens eingestellt. Das würde meine Position schwächen, mich angreifbar machen. Ich würde mit der Einstellung auch der Absolventin keinen Gefallen tun. Das ist fürchterlich, aber spiegelt die Realität wider, in der wir leben. Ich bin mir heute sicher, dass die meisten Vorstandsassistenten männlich sind, weil kein Vorstand Lust auf Gerede hat. Nicht weil sich die Frauen nicht für die Industrie oder den Job interessieren. Glänzende Uniabschlüsse in BWL besitzen schließlich beide Geschlechter."

„Ich bin Journalistin. Mit ungefähr 22 Jahren war ich Praktikantin bei einer großen deutschen Tageszeitung. Ich habe mich natürlich sehr gefreut, wenn ein Redakteur mich fragte, ob ich ihn begleiten wolle. An einem Tag war ich morgens schon bei einem Unfall gewesen. Am Mittag fragte mich dann eine Kollegin, ob ich noch zu einem anderen Termin mitkommen wolle. Daraufhin bin ich zu meinem Chef gegangen und habe ihn um Erlaubnis gebeten. Er erwiderte, ich sei heute doch schon einmal draußen gewesen. Daraufhin meinte ich: ,**Ja, aber ich kann einfach nicht genug bekommen.**' Seine Reaktion: ,**Gilt das für alle Lebensbereiche?**' Ich lief total rot an und schämte mich, weil ich den von ihm sexuell gedeuteten Satz selbst gesagt hatte. Im Nachhinein waren meine Selbstvorwürfe falsch. Seine Reaktion war das Problem, nicht meine Aussage. Das habe ich aber erst viel später begriffen."

„Ich war Studentin. Jedes Mal, wenn ich bei einem bestimmten Professor eine Vorlesung hatte, machte er anzügliche Witze. Es gipfelte darin, dass er zu mir meinte: ,**Ich bin übrigens richtig gut zu vögeln.**' Nicht nur mich hat sein Verhalten mitgenommen. Andere Studentinnen weinten seinetwegen. Insbesondere, weil er unsere Noten von unserem Umgang mit ihm abhängig machte. Als ich ihn nicht mehr grüßte, gab er mir eine Fünf für meine schriftliche Klausur. Ich ging zu meiner Dekanin und die Klausur wurde neu bewertet. Ich bekam eine Zwei. Das Schlimmste für mich: Der Dozent unterrichtet heute noch an der Fachhochschule."

Heute Abend sind wir wütend. Unfassbar wütend. Auf eine Gesellschaft, die Frauen nach wie vor auf ihr Äußeres reduziert. Sexismus darf aber nichts Normales sein, worüber wir mit einer Attitüde des „Ist halt so" hinwegsehen.

Das Schlimmste: Die beschriebenen Begebenheiten sind nur Ausschnitte. Nachdem wir unseren Aufruf gestartet hatten, das eigene Sexismuserlebnis in *Pretty Happy* anonym zu erzählen, erreichten uns Hunderte Berichte. Gepaart mit Bemerkungen wie: „Die Frage ist, ob es überhaupt Frauen gibt, denen es noch nicht passiert ist", „Ich arbeite in der IT-Branche als einzige Frau unter 25 Männern, da ist Sexismus an der Tagesordnung", „Ich glaube, in manchen Branchen ist Sexismus schon Tradition", „Ich erlebe Sexismus täglich! Wenn ich für jedes Mal einen Euro bekäme, würde es durchgehend klingeln".

Wie können wir als Gesellschaft jungen Frauen den Glauben vermitteln, dass die inneren Werte mehr zählen als ihr Aussehen, wenn Sexismus in Deutschland etwas Alltägliches ist? Wie sollen Frauen beruflich erfolgreich werden, wenn sie auf dem Weg zum Chefsessel kontinuierlich gemobbt werden?

Dieser Abend zeigt uns, das Private ist politisch. Deshalb müssen wir für eine bessere Welt kämpfen. Gemeinsam! Vielleicht können wir das Verhalten der Männer und Frauen, die sich sexistisch verhalten, nicht ändern, aber wir können dafür sorgen, dass Mädchen sich trauen, für sich selbst einzustehen und sexistisches Verhalten nicht hinzunehmen. Denn eines sollte im Berufsalltag keine Rolle spielen: Schönheit.

Notiz an uns selbst:

∞ Heute Abend gibt es keine. Wir sind fassungslos über das Ausmaß des **Sexismus**. Und das, obwohl wir Begebenheiten wie diese selbst zu oft erlebt haben – und zwei der Geschichten die unseren sind.

Instagram zerstört die Vielfalt der Schönheit

„Wenn alle alles teilen, stehen die persönlichen Bilder deines Lebens im Wettbewerb mit allen anderen."

Rankin

Historisch ist wohl kaum ein Begriff von so viel Subjektivität geprägt wie der Begriff der Schönheit. Eine endgültige Definition gibt es nicht, gab es nie und wird es auch niemals geben. Komisch, eigentlich haben wir doch während unserer Reise durch die Vergangenheit bemerkt, wie sehr der Wunsch nach Schönheit jeden Bereich unseres Lebens prägt.

Was sich herauskristallisiert hat: Es wird immer das als schön angesehen, was das Umfeld und die Masse als wünschenswerte Norm etabliert hat.

Insbesondere die Medien prägen unser Bild von Schönheit. In Artikeln, Instagram-Posts und der Fernsehberichterstattung wird das derzeit angesagte Schönheitsideal konstant als die Quelle unseres Glücks dargestellt und in uns der Wunsch geweckt, dieser gesellschaftlichen Norm zu entsprechen. Leider. Spätestens mit dem Aufkommen der Generation Filter, geprägt durch das soziale Medium Instagram, wurde es unmöglich, sich dem Streben nach Schönheit, Makellosigkeit und Perfektion zu entziehen.

Denn heute sind so gut wie alle Fotos, die wir sehen, bearbeitet. Per Bildbearbeitungsprogramm werden die Aufnahmen in Sekundenschnelle verändert. War das Bearbeiten von Bildern noch bis weit in die 1990er-Jahre hinein ausschließlich Fotografen vorbehalten, kann es heute einfach jeder. Apps wie AirBrush sind kostenfrei erhältlich und kinderleicht zu bedienen.

Das aber beeinflusst das Schönheitsideal unserer Zeit ungemein. Im Jahr 2020 gibt es dank Social Media eigentlich nur noch ein Schönheitsideal, dem alle entsprechen wollen. Das beweist eindrucksvoll eine Foto-Challenge des renommierten Fotografen Rankin.[48]

Für sein Projekt *Selfie Harm* fotografierte Rankin 15 Teenager zwischen 13 und 19 Jahren. Die Aufgabe: Die Teenager sollten ihr Bild so lange bearbeiten, bis sie es „bereit für Social Media" hielten. Die gefilterten Fotos neben den realen Aufnahmen zu sehen ist für mich als Zuschauerin erschreckend. Ausnahmslos alle Mädchen und Jungen vergrößerten ihre Augen, zeichneten ihre Nasen schmaler und ihre Haut reiner, strahlender.

Mit der Realität hat das Ergebnis nichts mehr zu tun. Das Schlimmste daran ist, dass alle Teenager gleich aussehen. Ihre individuellen Merkmale sind sämtlichst wegretuschiert.

Nicht nur mich, auch den Starfotografen beängstigt diese völlige Gleichschaltung der Gesichter, wie er dem jungen Magazin *JETZT* erklärte: „Die Teilnehmer waren alle großartig und hatten wirklich tolle Persönlichkeiten. Aber durch ihre Bildbearbeitung haben sie sich alle sehr homogen gemacht – größere Augen, dünneres Kinn, hellere Haut."[49]

Der *GNTM*-Lieblingsfotograf sieht den Grund dafür in einem Gefühl von Wettbewerb. „Wenn alle alles teilen, stehen die persönlichen Bilder deines Lebens im Wettbewerb mit allen anderen. Als Teenager willst du da auf keinen Fall außen vor bleiben. Und was schlimmer ist: Du willst nicht für dein Aussehen kritisiert werden oder dafür, was du tust. Es ist so, als würdest du ermuntert, nur deine besten Eigenschaften zu zeigen. Die Tatsache, dass wir unsere Erscheinung mit diesen Apps verändern können, ist ein riesiges Symptom dafür. Man wird dazu gebracht zu denken, dass man nicht gut genug ist, wenn man nicht wie die Influencer aussieht, denen man folgt."[50]

Besonders die Filterfunktion empfindet der britische Fotograf als schlimm: „Die sind definitiv schädlich für junge Menschen. Unterscheiden zu können, was echt ist und was mit einer App bearbeitet wurde, sollte eigentlich einfach sein, aber die Bearbeitungsmöglichkeiten sind heute sehr professionell. Die Leute verkleinern ihre Taille hier um ein paar Zentimeter, entfernen da ein paar Pickelchen und plötzlich strebt jeder nach einer Idealversion von sich selbst – die unmöglich zu erreichen ist."[51]

Das Schönheitsideal auf Instagram lässt sich leicht zusammenfassen: große Augen, gespitzte Lippen, Porzellanhaut. Warum wollen wir alle wie Puppen aussehen? Weil die Filterfunktion dieses Idealbild in unsere Köpfe programmiert hat? Ist Fake das neue Normal?

Mir passiert es übrigens oft, dass ich Mädchen in der Realität kennenlerne und mir denke: Du hast ja Charakter im Gesicht. Du siehst gar nicht so aus wie auf Instagram. Manchmal bin ich fast schon überrascht, wie normal sie aussehen. Im positiven Sinne. Zumal der Anblick von realen Frauen und Männern wichtig für uns ist, um keine realitätsfernen Anforderungen an uns selbst zu stellen.

Das ständige Vergleichen mit komplett retuschierten Menschen oder dem eigenen gefilterten Instagram-Ich führt nur zu einem Gefühl von Unzulänglichkeit und Unzufriedenheit. Kein Wunder, treten wir doch in den täglichen Wettbewerb mit Personen, die es in der Realität so gar nicht gibt.

Die Dissonanz zwischen dem eigenen Spiegelbild und Instagram stellte auch die britische Non-Profit-Organisation

Girlguiding fest. Eine Umfrage ergab, dass 39 Prozent der befragten Mädchen zwischen elf und 21 Jahren unglücklich darüber seien, nicht wie die Frauen auf Social Media auszusehen.[52]

Ich persönlich empfinde mit zunehmendem Alter Natürlichkeit als das größte Privileg, das jede von uns besitzt. Fernab vom Schönheitswahn. Echte Frauen ohne Filter, Fake-Wimpern und übermäßigem Make-up sind eine echte Rarität. Besonders in der Instagram-Welt. Leider.

Für mich sind die Bilder in der Filterblase nur eines: gähnend langweilig! In unserem Umfeld lieben wir doch auch Menschen mit ihren vermeintlichen Schwächen – die sie besonders und vor allem einzigartig werden lassen.

Meine Erkenntnis des „Natürlichkeit als Privileg"-Gedankens erfolgte schleichend. Noch 2017 bearbeitete ich emsig meine Bilder, postete nie ein ungefiltertes Bild von mir und entsprach auf vielen Bildern, ebenso wie Rankins Probanden, dem perfekt gefilterten Puppenbild. Mir gefiel dieser Look. So wollte ich auch aussehen. Wenn schon nicht in der Realität, dann wenigstens auf Instagram.

Drei Jahre später entscheide ich mich für eine nicht retuschierte Fotografie zur bundesweiten Veröffentlichung. Für mich ein Sieg auf ganzer Linie. Denn heute missfällt mir das von dem Fotografen bearbeitete Foto, ich sehe wie ein Fake aus, unnahbar, glatt, ohne Mimik. Eben charakterlos. Wie ein Abziehbildnis der Frauen aus den Fernsehzeitschriften.

Vor allem aber bin ich diese Frau nicht. Warum also will ich der Welt eine vermeintlich geschönte Version von mir zeigen? Bin ich selbst nicht genug? Muss ich mich dem Schönheitswahn unterwerfen, um Anerkennung zu erzielen? Und was macht das mit meiner Selbst- und Fremdwahrnehmung?

Nicht nur Mädchen sind von dem Social-Media-Wahn auf Instagram betroffen. Auch die Jungen unterwerfen sich, befeuert von den sozialen Medien, dem Fitnesswahn, nehmen Testosteron ein, um breiter, männlicher zu wirken. Auch hier zeigt sich, dass der Schönheitswahn nicht weniger wird, im Gegenteil.

Einer neuen Studie aus den USA zufolge sind unter Jugendlichen in den USA psychische Erkrankungen heute fünfmal häufiger als noch vor 70 Jahren.[53]

Als Hauptgrund sehen die Forscher die gestiegenen Erwartungen an materiellen Wohlstand und Schönheit, von denen sich viele Schüler und Studenten immer stärker unter Druck gesetzt sehen. Für die Studie werteten Forscher an fünf US-Hochschulen mehr als 77 000 Fragebögen aus den Jahren 1938 bis 2007 aus. Die Daten beruhen auf dem MMPI (Minnesota Multiphasic Personality Inventory), einem der weltweit am häufigsten eingesetzten Persönlichkeitstests.

Das Ergebnis: Im Vergleich zu 1938 litten 2007 sechs statt einem Prozent der Jugendlichen an Depressionen und 31 statt fünf Prozent an Hypomanie, einer abgeschwächten Form der Manie mit leicht gehobener Grundstimmung und gesteigertem Antrieb.[54]

Als Grund für den Anstieg sehen die Experten vor allem den Wertewandel, der dazu führe, dass Reichtum, Schönheit und Statussymbole heute für junge Leute eine viel größere Rolle spielen als früher.

Ich bin mir sicher, das Einzige, was uns, der Generation Filter, übrig bleibt, ist, unsere Individualität zu feiern und uns von vermeintlichen Schönheitsidealen abzugrenzen.

Notiz an uns selbst:

- ∞ Wahre Schönheit besteht in der **Natürlichkeit**.
- ∞ **Perfektion** ist langweilig.
- ∞ Finger weg von den **Puppenfiltern**.

Hanna Schlönvoigt und ihr Umgang mit der perfekten Illusion

„Schönheit beginnt in dem Moment, in dem du be-
schließt, du selbst zu sein."

Coco Chanel

Meine Freundin Hanna Schlönvoigt und ich haben etwas gemeinsam: Unser Instagram-Profil ist eine perfekte Illusion. Die
Timeline besteht aus Fotografien aus Shootings und schönen
Momenten. Der Unterschied: Hanna, die auf Instagram @han-
naweig heißt, postet mehr als ich und hat ihr anfängliches Hob-
by zum Beruf gemacht. 158 000 Accounts folgen ihr dort.

**Doch niemand ahnt, dass sie sich in der Vergangenheit oft-
mals selbst nicht schön gefühlt hat. Egal, wie viele Likes ihre
Bilder erzielten oder wie oft sie Komplimente für ihr Erscheinungsbild bekam.**

Sie war unsicher und machte ihr Selbstwertgefühl von
ihrem Aussehen abhängig. Viel zu lange. Das klingt wie ein
Luxusproblem, aber ein nagendes Gefühl von Unzulänglichkeit zu verspüren kann schlimm sein. Lähmend. Wenn man
sich selbst nicht genug ist, sich zu sehr auf den eigenen Look
fokussiert, kann man nicht glücklich sein. Die Bereitschaft,

ihre Geschichte zu erzählen, begann mit einem Nachmittag in Düsseldorf.

August 2020

Kurz nach acht Uhr. Hanna steht vor der Tür. Sie ist für ein Fotoshooting in Düsseldorf und übernachtet bei mir. Ich freue mich sehr. Endlich haben wir Zeit, die letzten Wochen Revue passieren zu lassen, denn Hanna lebt mit ihrem Mann, dem GZSZ-Schauspieler Jörn Schlönvoigt, und ihrer Tochter Delia in Berlin. Wir umarmen uns, frühstücken, überspringen wie immer das typische Warm-up und steigen direkt mit den Themen ein, die uns wirklich beschäftigen.

Ich erzähle ihr von *Pretty Happy*. Sie ist sofort begeistert: „Das ist so wichtig! Wir Frauen müssen endlich lernen, dass dieser Schönheitswahn nicht gesund ist. Ich selbst übrigens auch. Viel zu lange bin ich den falschen Idealen hinterhergerannt."

Unser Gespräch wird intensiver. Ich entscheide: Hanna muss in unser Buch. Ihre Empfindungen, vor allem ihre Erfahrungen, sind es wert, erzählt zu werden. Schließlich ist sie selbst aktiv auf Instagram und befeuert das gängige Schönheitsideal mit ihren Fotos. Ich schalte die Aufnahmefunktion meines Handys an und wir tauchen in ihre Welt ein.

Hanna, zeigst du dich eigentlich ungeschminkt auf Instagram?
In meiner Timeline: Nein. Ich mache die Bilder ausschließlich mit Make-up, da ich mich gerne in meiner besten Form zeige. Aber in meinen Storys zeige ich mich schon seit Längerem ungeschminkt. Hier möchte ich mein „normales", „wahres" Ich zeigen, soweit Instagram das zulässt.

Du bist ungeschminkt wunderschön – wieso zeigst du dich in deinem Feed nur geschminkt? Wieso versuchst du, nach außen das perfekte Bild zu zeigen?

Ich finde es nicht schlimm, auch mal das Beste aus sich rauszuholen. Schminken ist ja nicht Fake, sondern Kunst.

Stimmt. Aber Filter- und Bearbeitungsapps sind Fake bzw. eine Illusion. Wie sieht es damit aus?

Ich bearbeite meine Fotos. Aber durch die natürlichen Storys hoffe ich, ein gesundes Mittelmaß zu finden.

Instagram vermittelt vielen, insbesondere jungen Mädchen, ein falsches Bild: Alle sind superdünn, superreich, superschön und vor allem superglücklich. Findest du es falsch, dass dieses Bild vermittelt wird?

Auf jeden Fall! Ich finde es superschade, dass viele Influencerinnen versuchen, ein perfektes, makelloses Bild abzugeben. Wir alle sollten viel mehr Natürlichkeit zeigen. Leider ist das heutzutage nicht mehr so einfach.

Inwiefern ist das nicht einfach?

Auf Instagram erzielen perfekte Bilder die meisten Likes. Was schade ist, aber viele denken, dass sie ohne diese Makellosigkeit in der Social-Media-Welt untergehen. Sehr schade, aber eben auch nicht verwunderlich.

Auch du unterstützt mit deinem Instagram-Profil den Schönheitswahn. 159 000 Menschen folgen dir.

Ja, auch ich bearbeite meine Bilder, style mich extra dafür und posiere so, dass ich gut aussehe. Aber eines muss allen klar sein: Niemand sieht in der Realität so aus wie auf den perfekt inszenierten Bildern auf Instagram. **Das sind Illusionen.** Deswegen ist es mir auch so wichtig, dich in deinem Buchprojekt zu unterstützen. Ich möchte mit diesem Interview hier sehr deutlich auf die Gefahr von Instagram mit Blick auf das Selbstbewusstsein von Frauen hinweisen!

Hast du schon mal überlegt, die App zu löschen?
Ich hatte eine Phase, in der mir die Plattform bloß noch auf die Nerven gegangen ist. Wenn man sein Abendessen nicht mehr genießen kann, weil man nur versucht, das perfekte Bild für Instagram zu schießen. Dieser ständige Perfektionismus. Immer gut aussehen zu müssen. Man shootet um die Wette. Vergleicht, wer die meisten und besten Bilder hat. Abends zieht man dann sein Resümee: War ich heute erfolgreich? Wie viele Likes und Kommentare hat mein Bild bekommen? Das ist sehr ermüdend und anstrengend.

Der Schönheitswahn ist allgegenwärtig. Jede zweite Frau wünscht sich eine Schönheitsoperation. Hast du schon einmal eine kosmetische Veränderung an dir vornehmen lassen?
Mit 17 Jahren habe ich mir meine Brüste vergrößern lassen. Damals war ich aber noch nicht in den sozialen Medien unterwegs. Später habe ich mir dann meine Lippen aufspritzen lassen. Ich würde sagen, dass mich Instagram dazu animiert, fast schon inspiriert hat.

Würdest du es heute wieder tun?
Nein, beides nicht. Aus heutiger Sicht würde ich keine Schönheitsoperationen mehr an mir durchführen lassen. Ich bin durch die Maßnahmen auch nicht selbstbewusster geworden. Zu mehr Selbstliebe haben die Behandlungen übrigens auch nicht geführt. Ich werde mir daher mein Hyaluron aus den Lippen nehmen lassen, weil ich das einfach nicht bin.

Was ist deine persönliche Message?
Genießt viel mehr euer Leben und hängt nicht nur auf Instagram rum! Hört auf zu denken, dass andere ein schöneres oder glücklicheres Leben haben oder besser aussehen. Das stimmt nämlich nicht! Jede von uns ist einzigartig und hat ihr eigenes Päckchen zu tragen. Wenn Influencerinnen beispielsweise im Urlaub sind, müssen sie den ganzen Tag arbeiten und die perfekten Fotos kreieren. Diese Fotos haben nichts mit der Realität zu tun. Fraglich ist auch, ob es glücklich macht. Ich glaube nicht.

Was glaubst du, warum sind manche Menschen glücklicher als andere?
Das weiß ich nicht. Aber vermeintlichen Schönheitsidealen hinterherzurennen macht definitiv unglücklich. Ich finde es wichtig, jedem sein Glück zu gönnen, auch wenn man selber gerade vielleicht eine nicht so glückliche, schwache Phase hat.

Was führt aus deiner Sicht zu wahrer Happiness?
Gesundheit, Familie und Liebe!

Und was würdest du deinem jüngeren Ich heute raten?
Meinem jüngeren Ich würde ich raten: Du bist schön, so wie du bist! Verändere nicht deine Optik, um anderen zu gefallen!

Und was rätst du jungen Frauen, wenn es um das Thema Schönheit und Glück geht?
Schätze deine Individualität mehr. Das Leben ist zu kurz, um traurig zu sein. Hör auf, nach Frauen wie den Kardashians zu streben, und bleibe bei dir. Wer sagt überhaupt, dass zum Beispiel eine Kylie Jenner schöner ist als du?

Ich gebe dir recht. Seine Vorbilder in der Social-Media-Welt zu suchen ist in den seltensten Fällen ratsam. Wer ist dein Vorbild?
Mein Vorbild ist meine Mama. Sie hat drei Kinder mit voller Liebe großgezogen und alles für uns gegeben. Es ist so wichtig, seinen Kindern viel Liebe mitzugeben, damit sie früh lernen, sich selbst zu lieben.

Du bist jetzt selbst Mutter. Welche Werte wirst du Deli, deiner Tochter, weitergeben?
Ich werde Delia sehr früh beibringen, was wirklich wichtig im Leben ist, und sie früh über die Social-Media-Scheinwelt aufklären.

Hand aufs Herz – wie glücklich bist du wirklich?
Heute? Sehr glücklich! Seit ich weiß, was für eine Scheinwelt Instagram ist.

*Letzte Frage: Was macht dich **Pretty Happy**?*
Pretty Happy machen mich meine Familie, meine Gesundheit und die meiner Familie. Überhaupt, auf dieser Welt zu sein. Das Leben genießen zu dürfen. Wer weiß schon, für wie lange ...

Notiz an uns selbst:
- ∞ Schönheitsidealen nachzueifern macht **unglücklich**.
- ∞ **Instagram** ist eine Scheinwelt.
- ∞ Den eigenen **Selbstwert** nicht von Likes abhängig machen.
- ∞ Immer dankbar für die **Freundschaft** mit Menschen wie Hanna sein.

Wie Anja Zeidler die Sucht nach Schönheit und Perfektion besiegte

„Habe keine Angst vor Perfektion – du wirst sie sowieso nie erreichen."

Salvador Dalí

Nicht nur Hanna hadert damit, dass auf Instagram alle Bilder perfekt sein müssen. Auch andere Influencerinnen leiden darunter, dass echte Bilder weniger Likes als surreale erzielen. Eine davon ist das ehemals bekannteste Fitnessmodel der Schweiz, Anja Zeidler. Das folgende Interview habe ich bereits im April 2019 für das junge Portal *Orange by Handelsblatt* geführt, wo es nach wie vor online zu finden ist. Ich zitiere an dieser Stelle lediglich daraus.[55]

Ich wählte dieses Interview aus zwei Gründen für *Pretty Happy* aus. Zum einen, weil kein anderes Interview so offen zeigt, wie unglücklich der Schönheitswahn uns machen kann. Zum anderen offenbart der Zeitpunkt der ersten Veröffentlichung, dass sich in den vergangenen zwei Jahren absolut nichts verändert hat.

Vielleicht, weil Instagram in Sachen Perfektion Fortschritt zulässt. Vielleicht aber auch, weil die Influencerinnen schlicht nicht mutig genug sind, sich dem Schönheitsdiktat zu widersetzen. Würde das für sie doch weniger Likes und Follower bedeuten.

Anja, du bist mit 20 Jahren in die USA gezogen. Warum?
Ich bin damals dem perfekten Bild von mir hinterhergerannt, habe mich einer Brust-OP unterzogen und Anabolika genommen. Damals dachte ich: Wenn ich so aussehe und in L.A. lebe, habe ich alles erreicht.

Aber dem war nicht so?
Nein, ich war sportsüchtig und essgestört. Es gab keinen Tag, an dem ich nicht zwei Mal trainiert habe. Und mein Anabolikamissbrauch hatte Folgen: unreine Haut, Haarausfall, tiefere Stimme und Ausbleiben der Menstruation.

Wie bist du da wieder rausgekommen?
Alle, die schon mal mit einer Sucht gekämpft haben, wissen: Man kann nicht einfach sagen „Ich höre jetzt auf". Ich habe drei Anläufe gebraucht. Ohne die Unterstützung meiner Eltern und die Rückkehr in die Schweiz hätte es nicht geklappt. Und ich habe ein halbes Jahr auf Instagram und YouTube verzichtet.

Jetzt teilst du fast 1400 Fotos mit mehr als 300 000 Menschen – warum hast du wieder mit Instagram begonnen?
Ich möchte andere junge Mädchen inspirieren und ihnen zeigen, dass sie eine Brustvergrößerung nicht glücklich machen wird. Auch eine Haarverlängerung oder das Gefühl, prominent zu sein, bringen einem nichts.

Wäre es nicht einfacher gewesen, ganz mit den sozialen Medien aufzuhören?

Nein, das wäre egoistisch. Ich hatte zwei Optionen: aussteigen – oder mit meiner Reichweite Aufmerksamkeit für wichtige Themen kreieren.

Kannst du von deinen Social-Media-Aktivitäten leben?
Ich nutze meine Kanäle, um mich selbst zu vermarkten, aber ich bin auch offline unterwegs. Ich spreche beispielsweise über den Umgang mit Social Media oder stehe für das Fernsehen vor der Kamera.

Wie viel verdienst du?
Ich bin selbstständig und bekomme kein monatliches Gehalt. Auch die Postings variieren je nach Aufwand. Es gibt keine Standardgage. Doch eine Faustregel gibt es: Je mehr Gas ich gebe, desto mehr bekomme ich am Ende des Monats raus.

Verdienst du über 50 000 Euro im Jahr?
Ich glaube nicht, dass es irgendwem hilft zu wissen, wie viel ich verdiene.

Du zeigst dich auf Instagram oft sehr freizügig. Warum?
Ich posiere gerne natürlich, verzichte auf Make-up und posiere mit meinen Naturlocken.

Ein Bild von dir in Unterwäsche bekommt über 9000 Likes. Dreimal so viele wie im Pullover.
Ja, das ist so – und stimmt mich nachdenklich. Die Leute möchten gerne das perfekte Bild sehen. Figur, Leben, Beziehung: Alles muss perfekt aussehen. Das finde ich falsch und dagegen kämpfe ich!

Mit freizügigen Fotos?
Wir Menschen sind stark angezogen von Tabus. Auch wenn ich das nicht immer nachvollziehen kann. Für mich ist Nacktheit

völlig normal. Mal keinen BH zu tragen ist völlig in Ordnung. Ich finde es wichtig, jungen Frauen zu zeigen, dass sie sich nicht für ihren Körper schämen müssen.

Was sagt dein Umfeld zu deinem Instagram-Account?
Meine Freunde und meine Familie finden das, was ich mache, sehr toll. Vor allem, dass ich meine Reichweite oft für wichtige Themen nutze. Ich setze mich beispielsweise gegen Massentierhaltung ein.

Bringen Hashtags heutzutage noch etwas?
Ich habe aufgehört, darauf zu achten, welche Hashtags am besten laufen. Meine persönlichen Hashtags sind „Selbstliebe", „Naturlocke" und „Vegan" – damit kann ich die Leute anziehen, die zu mir und meinem Content passen.

Letzte Frage: Gibt es etwas, das dich an deinem Influencerinnen-Dasein stört?
Ich finde es schade, dass auf Instagram alle Bilder perfekt sein müssen. Es ist traurig, dass echte Bilder weniger Likes als surreale bekommen.

Sarah Victoria Schalow – eine Liebeserklärung an sich selbst

„Dir wird ständig gesagt, dass du nicht hübsch genug bist. Du bist nicht dies, du bist nicht das. Liebe dich und deinen Körper. Du bist schön, so wie du bist."

Ashley Benson

Ein Herbsttag im Oktober 2020. Es regnet, als ich durch die Straßen Kölns laufe. Ich bin auf dem Weg zu einem Gespräch für *Pretty Happy*. Meine Interviewpartnerin ist die Schauspielerin Sarah Victoria Schalow. Es ist ein Blind Date. Wir treffen uns in einem kleinen Café und sie erzählt mir ihre Geschichte:

„36, 25, 18, 38, 36. Was sich wie 'ne Lottoziehung an einem Mittwochabend liest, sind Zahlen, die zu mir gehören. Sie sagen rein gar nichts über mich, meine Talente oder mein Wesen aus. Dennoch klammert sich die Gesellschaft an diesen Zahlen fest, um sich selbst oder eine andere Person einzuordnen. Zu beurteilen.

Wer als Frau mit **36** noch nicht verheiratet ist und keine Kinder hat, der ist irgendwie nicht normal. Ein Body-Mass-Index über **25** geht gar nicht. Unter **175** cm hast du keine Chancen als Model. Wenn du nicht mindestens einmal pro Woche ins Fitnessstudio gehst, hast du keine Disziplin. Iss nicht nach **18** Uhr. Und bitte, egal, was du tust, komm um Himmels willen nicht über 1500 Kilokalorien pro Tag. Völlig egal, wie anstrengend dein Alltag im Job oder dein Privatleben ist. Du brauchst nicht mehr!

Zuletzt erlebte ich Body Shaming in einer kleinen Damenboutique in Köln. Kaum den Laden betreten, grüßt mich die Verkäuferin mit den Worten: ‚Ich glaube, wir haben hier nichts für Sie.‘ Wie bitte?, denke ich mir. Meint sie mich? Ich schaue sie perplex an. Drehe mich um, um zu schauen, ob sie jemand anderen meint.

Doch hinter mir ist niemand. ‚Ja, ich meine Sie‘, sagt die Verkäuferin. ‚Wir führen nur bis Größe 42. Ich will Ihnen nicht zu nahe treten, aber ich kenne das Problem. Ich habe auch nie etwas in meiner Größe gefunden, mich in meiner Haut nie wohlgefühlt. Wollen Sie wissen, wie ich abgenommen habe?‘ Ich denke mir: Bloß nicht! Doch ihre Frage ist rhetorischer Natur.

Es folgt ein ausufernder Monolog über ihren erfolgreichen Kiloverlust. Ich bin so perplex, weiß gar nicht, wie ich reagieren soll. Ich merke, wie mir bei ihren Ratschlägen vor Scham die Röte ins Gesicht steigt.

Mir fällt auf, dass die Boutique auch Lampen verkauft. Ich denke mir: Ist meine Wohnung eigentlich auch zu fett für diese hübsche Stehlampe dahinten in der Ecke? Verkneife mir aber die Frage und höre den scheinbar gut gemeinten Empfehlungen der Verkäuferin zu. Später denke ich lange über diese Begegnung nach.

Der Grund: Die Frau hat eine Unsicherheit in mir geweckt, die ich lange nicht mehr gespürt habe. Von früher ist mir dieses Gefühl wohlbekannt. Unzählige Diäten liegen hinter mir. Nie aus einem inneren Bedürfnis heraus, sondern von der Außenwelt erzeugt. Mein zurückliegender Drang, dünner sein zu müssen, wurde von den Medien, meinem Umfeld, Freunden, der Familie und den schönen Designerkleidern bis Größe 38 ins Rollen gebracht.

Das Glaubensbekenntnis der Gesellschaft:
Wer dünn ist, ist schön.
Wer schön ist, ist erfolgreich.
Wer erfolgreich ist, ist glücklich.

Auch ich habe lange an diese von den Medien befeuerte Weisheit geglaubt. Schon in meiner Kindheit gab es Momente, die mich prägten. An einen dieser Momente erinnere ich mich heute noch ganz genau. Ich muss sieben oder acht Jahre alt gewesen sein, saß auf der Wiese im Garten meiner Tante und spielte mit einem flauschigen Küken aus ihrem Hühnerstall. Es war das pure Glück. Nur das Küken und ich.

Bis meine Tante plötzlich aus dem Nichts heraus rief: „Puh, Sarah muss aufpassen, dass sie später nicht dick wird. Man sieht ja jetzt schon die Speckringe am Bauch." Was? Speckringe? Ist das was Schlimmes?

Meine erste Diät begann noch am selben Abend. Keine Schokolade mehr! Niemals wieder! Es sollten etliche Diäten folgen. Heute, mit 36 Jahren, mache ich mein Glück nicht mehr von Äußerlichkeiten abhängig. Natürlich gibt es immer mal wieder Momente, in denen ich mich selbst optimieren möchte. Aber dann sind das wirkliche Gesundheits-Booster: mehr Bewegung an der frischen Luft zum Beispiel. Oder eine gesündere Ernährung. Einfach, um mich besser und fitter zu fühlen. Nicht, um mich dem Schönheitswahn zu unterwerfen.

Mein Fokus liegt heute auf den kleinen Freuden des Lebens. Ich bin stolz darauf, was ich bisher erreicht habe, und weiß, dass die schönsten Momente meines Lebens noch kommen werden. Ich bin mit meinem Körper im Reinen. Und meine Zahlen sind mir völlig egal.

Ich würde mir wünschen, dass wir die Zahlen auch gesellschaftlich einfach loslassen. Die Zahl auf der Waage sollte kein Gewicht haben. Denn come on: Es ist nur eine Zahl, die sich irgendein Schlaukopf mal ausgedacht hat. Sie sagt nichts über dich aus! Wir dürfen unsere Selbstliebe nicht von dieser Zahl abhängig machen.

Wir müssen aufhören, Glück mit Schönheit gleichzusetzen. Die Schönheitsideale werden schließlich von einer Gesellschaft erschaffen, die ihre Meinung ständig ändert. Wir können es nicht jedem recht machen. So war es schon immer und so wird es immer bleiben. Die richtigen Menschen in unserem Leben interessieren sich nicht für unsere Zahlen. Nicht für die Zahl auf der Waage, nicht für die Zahl im Personalausweis, nicht für die Zahl auf unserer Lohnabrechnung. Mich interessieren nur noch Lottozahlen. Just for fun."

Nachdem Sarah ihren gewinnbringenden Monolog beendet hat, lächele ich. Eine weitere Stunde sitzen wir im Café und unterhalten uns. Am Ende bedanke ich mich für ihr Vertrauen, ihre ganz persönliche Geschichte mit uns zu teilen. Oftmals unterschätzen wir, wie wichtig die Selbstliebe ist, und machen unser Glück vom Außen abhängig. Eines steht für mich fest: Mein Blind Date möchte ich wiedersehen.

Notiz an uns selbst:

- ∞ **Zahlen** sind irrelevant.
- ∞ Mach dein **Glück** nicht länger von deinem Look abhängig.
- ∞ Du kannst es nicht jedem **recht** machen.

Männer wollen Ivankas großziehen und Melanias heiraten

„Ein Macho ist ein Mann, der alte männliche Attribute kultiviert – aus Angst, man könnte ihn für keinen halten."

Rainhard Fendrich

Nicht nur die Erinnerung an unsere Kindheit prägt uns und liefert den Nährboden dafür, wie tief der Glaubenssatz Schönheit = Glück in uns schlummert. Besonders die Männer in unserem Umfeld befeuern oder schwächen diesen inneren Konflikt in uns.

Mein Vater hat mich stark geprägt. Zugegeben, er kann ein ziemlicher Macho sein – aber nur, wenn es nicht um seine eigenen Töchter geht. Die er jedoch nach eigener Aussage nicht unbedingt zur Ehefrau haben wollen würde. Schon gar nicht mich. Ich bin ihm zu selbstbewusst, zu freiheitsliebend, zu frech, zu stressig. Das bedeutet nicht, dass er nicht stolz auf seine Erziehung ist.

Es war stets sein erklärtes Ziel, uns zum unabhängigen Denken und zum beruflichen Erfolg zu erziehen. Unser Aussehen ist dafür völlig nebensächlich. Schönheit? Wen interessiert das schon?

Wenn ich heute aus Zeitgründen mit Gummistiefeln, zerzausten Haaren und ungeschminktem Antlitz zum Abendessen ins Restaurant komme, amüsiert er sich köstlich über meinen wilden Look. Für gelungenes Styling gibt es von ihm kein Lob. Gab es nie. Dafür aber für gute Zensuren, Universitätsabschlüsse und berufliche Erfolge.

Eben jene werden bei uns in einem Ausmaß zelebriert, das seinesgleichen sucht. Seine Standardrede lautet: „Was ist dein nächstes Ziel? Du darfst auf gar keinen Fall nachlassen. Ruhe dich nicht auf deinem Erfolg aus, arbeite härter. Von nichts kommt nichts, Nena."

Auf Themen wie Heirat und Kinder reagiert er hingegen unwirsch: „Wozu willst du überhaupt heiraten? Frauen brauchen doch heute keinen Versorger mehr. Und deinen Nachnamen willst du doch sowieso nicht aufgeben."

Als ich ihm von *Pretty Happy* erzähle, schweigt er. Minutenlang. Schließlich erklärt er: „Muss es denn wirklich so ein feministisches Buch sein? Das Thema kann doch wirklich keiner mehr hören. Schöne Frauen haben es nun mal leichter im Leben. Das ist einfach so. Und die meisten wollen doch auch gar keine Karriere machen. Das ist denen zu anstrengend. Daran wirst du nichts ändern. Schreib doch lieber ein Buch über die Auswirkungen von Corona auf die Wirtschaft. Das hätte einen wirklichen Mehrwert für die Gesellschaft. Hast du dir die Analysen für das nächste Jahr angesehen?"

Ich beginne einen leidenschaftlichen Monolog über das Frauenbild im Jahr 2020, den gesellschaftlichen Schönheitswahn und die fehlende Gleichberechtigung. Erkläre ihm, dass Männer in Westdeutschland im Laufe ihres Lebens knapp 1,5 Millionen Euro verdienen, während Frauen auf 830 000 Euro kommen. Keine einzige Frau steht an der Spitze eines Dax-Konzerns.

Unsere Unterhaltung artet in einen furchtbaren Streit aus. Es wird emotional. Bis ich wutentbrannt auflege. Innerhalb von Sekunden ruft er zurück. „Du hast schon recht mit dem, was du sagst. Vielleicht bin ich wirklich dieser alte weiße Mann, über den ihr Journalistinnen immer schreibt. Ich könnte es aber niemals ertragen, wenn jemand anderes über dich oder deine Schwester bestimmt. Schon die Vorstellung, dass ihr zwei finanziell abhängig wärt, ist für mich schlimm. Und du weißt doch, wie toll ich es fände, wenn meine Töchter Chefredakteurin und Dax-Vorständin wären. Das wäre für mich das Größte."

Meine Antwort: „Das wissen wir, Papa. Aber wenn du die Vorstellung, kluge, erfolgreiche Frauen als Töchter zu haben, so toll findest, warum würdest du mit einer Frau wie mir dann nicht zusammen sein wollen?"

Er überlegt lange. „Vielleicht bin ich einfach zu alt, um meine Vorstellung von einer Partnerschaft noch zu ändern. Ich finde es wichtig, dass Frauen arbeiten, hat deine Mutter doch auch immer. Aber eine Karrierefrau an meiner Seite? Nein danke. Ich arbeite doch selbst so viel. Wenn meine Freundin dann auch noch ein Workaholic wäre, würden wir uns dann überhaupt noch sehen?"

Ich weise ihn auf meine seit zehn Jahren gut funktionierende Fernbeziehung hin. Die Antwort meines Vaters: „Mich würde deine Kompromisslosigkeit stören. Du ziehst nach München oder Berlin, wie es dir gerade passt. Wenn du morgen ein sensationelles Jobangebot in New York kriegen würdest, wärst du weg. Ich bin altmodisch, ich weiß, aber ich möchte, dass sich meine Partnerin um den Haushalt kümmert."

Das ist der Moment, in dem ich ausflippe: „Müssen wir Frauen also unsere Karriere hintanstellen, um genug Zeit für Mann und Haushalt zu haben? Investieren Mädchen deswegen mehr Zeit in ihr äußeres Erscheinungsbild als in ihren

Kopf? Weil Männer letztendlich keine erfolgreichen Frauen daten wollen? Und stehen alle Männer insgeheim auf das Klischee ‚schön und blöd'?"

Von unserem Gespräch ausgelaugt, versucht er mir zu erklären, dass er einfach anders erzogen worden sei. Es sei eine andere Zeit gewesen. Ich unterstelle ihm, die naturwissenschaftlichen Interessen meiner Schwester nie genug gefördert zu haben. Er stimmt mir zu: „Mit einem Sohn hätte ich gemeinsam geschraubt und ihm früh die Elektrizität erklärt. Ich meine, welcher vernünftige Mann ist nicht in der Lage, eine Lampe anzubringen?"

Er überlegt, fährt fort: „Vielleicht hätte ich das auch mit deiner Schwester machen sollen. Sie war schon als Vierjährige so interessiert an technischen Dingen. Weißt du noch, wie du sie immer überreden musstest, mit dir Barbie zu spielen? Wie schlecht gelaunt sie bei eurem Puppenspiel war. Das hat mir imponiert. Auch eure guten Leistungen. Ich wollte übrigens immer nur Töchter haben. Nie Söhne. Und alles habe ich in eurer Erziehung doch auch nicht falsch gemacht, oder?"

Nein, das hat er ganz bestimmt nicht. Er ist unser Vorbild. Unser bester Freund. Unser Fels. Mit niemandem verbringen wir so gerne Zeit wie mit ihm. Außer wir sprechen über das Thema Female Empowerment. Dann nichts wie weg. Wie kann sein Weltbild so dermaßen veraltet sein?

Während unseres Telefonates muss ich an einen Spruch in einem Magazin denken: „Zu viele Männer sind wie Donald Trump. Sie wollen Ivankas großziehen und Melanias heiraten."[56]

Darauf angesprochen, reicht es meinem Vater. Endgültig. Mit Donald Trump verglichen zu werden, sei jetzt aber wirklich die Höhe: „Du kannst ja deine Meinung haben, aber bitte lass *Pretty Happy* nicht zu einem Mann-gegen-Frau-Buch werden. Das hat nämlich rein gar nichts mit dem von dir so gehuldigten Feminismus zu tun. Ich bin es leid, dass Männer immer in die Schuldecke gestellt und Frauen als Opfer dargestellt werden. Allein wenn ich das Wort Feminismus höre, schüttelt es mich. Keifende Frauen wie Alice Schwarzer kann übrigens niemand leiden."

Wie recht er hat. Und wie falsch er doch liegt. Recht, indem er darauf hinweist, dass Feminismus kein Mann-versus-Frau-Thema ist. Es gibt unglaublich progressiv denkende Männer. Und Frauen, die alles, aber keine Frauenfreundinnen sind. Auch wenn sie mit dem Label Feministin in den sozialen Netzwerken wie Konfetti um sich werfen.

Falsch mit seiner Aussage gegenüber der Feministin Alice Schwarzer. Ich bin ihr dankbar. Ohne Frauen wie sie würden wir heute noch in einer Welt leben, in der es normal ist, dass Talkshowmaster wie Frank Elsner vor laufender Kamera die Länge der Beine einer Frau abmessen. In der Blondinenwitze gerissen werden und es nur vier Rollen für Schauspielerinnen gibt: Kind, Ehefrau, Geliebte, Mutter.

Doch ich beginne, den inneren Konflikt meines Vaters zu begreifen. Er liebt die Vorstellung einer klugen, erfolgreichen Frau, weswegen er das unbedingt für seine Töchter möchte. Um jeden Preis. Aber selbst mit einer Karrierefrau zusammen zu sein: Nein danke! Er ist damit nicht die Ausnahme, sondern die Norm.

Der *Stern* beschreibt dieses Problem in einem Artikel mit der Headline *Männer wollen dümmere Frauen*: „Den meisten Männern gefällt zwar die Idee, eine klügere Partnerin an ihrer Seite zu haben. Doch wenn es zur realen Begegnung kommt, fühlen sich Männer dann doch eher von solchen Frauen angezogen, denen sie die Welt erklären können."[57]

Kein Wunder also, dass es Ingenieurinnen, Ärztinnen, Anwältinnen gibt, die für einen Flirt schon mal ihren Beruf verleugnen. Warum sie das tun? Männer wollen keine Frauen, die klüger als sie selbst sind. Männer wollen angebetet, bewundert werden.

Klingt wie eine krude Theorie unter besten Freundinnen? Leider nein! In sechs Tests unterzogen Wissenschaftler der Universität Buffalo, der evangelischen Universität in Thousand Oaks und der Universität von Texas in Austin das Beuteschema junger Männer einem Realitätscheck.

Vor dem Test gaben 86 Prozent der Probanden an, kein Problem damit zu haben, eine Frau zu daten, die ihnen intellektuell überlegen sei.[58] Doch Wunsch und Wirklichkeit sind bekanntlich nicht immer eines.

Die Forscher ließen Männer und Frauen nebeneinandersitzend Intelligenztests ausfüllen. Die Frauen standen währenddessen in Kontakt mit den Forschern. Nachdem die Ergebnisse vorgelesen wurden und die Männer entweder besser oder schlechter als die Frau abschnitten, wurden beide gefragt, wie attraktiv sie den jeweils anderen fänden.

Das Ergebnis: Männer, die schlechter abgeschnitten hatten als die Frau, beurteilten diese auch als weniger begehrenswert. Sie rückten mit ihren Stühlen physisch von ihnen ab. Die etwas überspitzte Wertung der Forscher, wie im *Spiegel* beschrieben: Intelligente Frauen wirken in der realen Begegnung regelrecht abstoßend auf Männer. Das beschriebene Experiment ist übrigens nicht dem Jahrzehnt der Hausfrau, den 1950er-Jahren, entsprungen, sondern aus dem Jahr 2015.

Das Private *ist* politisch!

Aber nicht nur was die Partnerwahl betrifft, sind wir nicht gleichberechtigt. Auch im Berufsleben werden Frauen noch immer benachteiligt.

Wir Frauen müssen Einfluss, Macht, Sichtbarkeit und Gerechtigkeit für uns einfordern. Dafür brauchen wir gesetzliche Vorgaben. Oder wie es die Schauspielerin Maria Furtwängler wunderbar zusammenfasst: „Wir haben Jahrhunderte, und ohne

uns darüber zu wundern, mit einer impliziten Männerquote ge-
lebt. Es ist höchste Zeit für eine Frauenquote, und zwar in allen
gesellschaftlich relevanten Bereichen."[59]

Sie hat recht. Im Fernsehen kommen Frauen beispielsweise
nur halb so oft vor wie Männer. Das Gesetz für mehr Frauen
in Führungspositionen (FüPoG II) könnte Furtwängler zufolge
Besserung bringen, weil es unter anderem eine Ausweitung der
Frauenquote in Aufsichtsräten vorsieht. Doch der Gesetzent-
wurf steckt derzeit fest ...

Wir Autorinnen sind Pro Quote und hoffen sehr, dass dieser Gesetzesentwurf bald in die Tat umgesetzt wird. Denn um
den speziellen Konflikt Schönheit = Glück zu durchbrechen,
müssen junge Frauen mehr vom Leben wollen, als nur schön
zu sein. Auf dem Weg zum beruflichen Erfolg und der eigenen
finanziellen Unabhängigkeit sollte ihnen die bestmögliche
Unterstützung zur Verfügung stehen.

Notiz an uns selbst:

∞ Nie wieder mit meinem Vater über **Female Empowerment** diskutieren.

∞ Die **Gesellschaft** muss sich verändern.

∞ Wir brauchen die **Frauenquote!**

Feminismus als Label?

Wenn man sich in der deutschen Gesellschaft umblickt, meint man, gar keine Frauenquote mehr zu benötigen, wird doch überall mit den Wörtern Feminismus und Gleichberechtigung nur so um sich geworfen. In den sozialen Medien, in Frauennetzwerken oder auch Women-only-Veranstaltungen, über die in den Hochglanzmagazinen oft und gerne berichtet wird.

Jede Frau in der Gesellschaft, die etwas auf sich hält, plädiert öffentlich für starken Frauenzusammenhalt. Kein Wunder, dass mein Vater der Thematik überdrüssig ist. Doch leider sind viele der Women-only-Veranstaltungen eine Mogelpackung.

Es sind Abende, an denen Frauen Seite an Seite an hübsch dekorierten Tischen sitzen. Frauen, die sowieso schon oben angekommen sind und den anderen Damen am Tisch einen beruflichen Mehrwert bieten könnten, posieren gemeinsam für hübsche Instagram-Bildchen und schwadronieren darüber, wie wichtig es ist, junge Frauen am Anfang ihrer Karriere zu stärken. Die bezeichnenderweise zu diesen Abenden in den seltensten Fällen eingeladen sind.

Nein, diese Begegnungen sind nicht der Verbesserung nicht vorhandener Gleichberechtigung gewidmet. Sie sind für die geladenen Frauen selbst, die sich durch die Einladung wertig und erhaben fühlen und unter dem Deckmantel des Feminismus beieinandersitzen und sich herrlich gut fühlen. Moralisch überlegen.

Schließlich hält man ja gerade in diesem Moment als Frauen zusammen.

Es heißt immer, wir Frauen vernetzten uns nicht gut. Das sehe ich anders. Es gibt wahrlich genügend mit dem Wort Feminismus übertünchte Abende. Das Vernetzen ist weniger das Problem. Es liegt am fehlenden Zusammenhalt.

Ich bin der festen Überzeugung, dass wir Frauen nicht vorankommen, weil wir uns zwar als Feministinnen bezeichnen, aber nicht wirklich zueinanderstehen. Wir schmeißen mit dem Wort Female Empowerment wie Konfetti um uns, aber unterstützen wir uns wirklich? Nein danke. Vielleicht ein anderes Mal.

Der Begriff Female Empowerment ist in den vergangenen Jahren zum bloßen Modewort verkommen. Wie „Bio" oder „Glutenfrei". Überall steht Female Empowerment drauf, auf T-Shirts, Armbändern, Hosen, Zeitschriften, auf Möbelstücken, Spiegeln oder Bildern.

Es würde mich nicht wundern, wenn bald auch noch der Joghurt im Kühlschrank einen Sticker mit der Aufschrift „female friendly" bekommt.

Diese Maßnahmen bringen jedoch rein gar nichts. Je öfter Female Empowerment als Werbemaßnahme missbraucht wird, umso mehr verliert die Bewegung an Identität. An Wert. An Durchschlagskraft. Was nicht sein darf. Es gibt noch viel zu tun!

Denn was tun wir als Gesellschaft wirklich, um junge Frauen zu unterstützen und den Glaubenssatz Schönheit = Glück zu durchbrechen? Dass Mädchen sich mehr zutrauen, als nur hübsch zu sein? Dass sie den Wunsch verspüren, beruflich erfolgreich und finanziell unabhängig zu werden? Meiner Meinung nach zu wenig!

Doch wenn wir nicht in die Zukunft investieren, welchen Wert haben wir als Gesellschaft dann überhaupt?

Teil 2

Was ist Glück?

Die Formel des Glücks

„Eins weiß ich genau: Deine Reise beginnt jeden Tag
aufs Neue mit der Entscheidung, rauszugehen und das
Leben zu genießen."

Oprah Winfrey

Das Glück ist subjektiver Natur. Fast noch mehr als die Schönheit. Jeden von uns machen andere Menschen, Momente oder Dinge glücklich. Die eine universelle Formel des Glücks gibt es nicht. Leider. Es wäre doch zu schön, dieser einfach zu folgen und so Glückseligkeit zu erlangen.

Wir sind uns sicher: Jede von uns kann zur Glückssucherin ihres eigenen Lebens werden.

Dafür ist es wichtig, sich Zeit zu nehmen, sich einmal in Ruhe hinzusetzen, den Flugmodus auf dem Smartphone einzuschalten und sich zu überlegen, was einen wirklich glücklich macht. Wonach man im Leben strebt. Wie die eigenen Träume aussehen. Und was ein wahrhaftiges Leben eigentlich ausmacht. Denn wie sollen wir unser Glück finden, wenn wir gar nicht wissen, was uns glücklich macht?

Das hat viel mit unseren eigenen Werten zu tun, mit unserer familiären Prägung, unserer Gegenwart und unserer Vergangenheit. Das Nachdenken über die Vergangenheit ist auf dem Weg zum Glück übrigens der schmerzvollste Prozess – doch schlussendlich der heilsamste. Für *Pretty Happy* haben wir Autorinnen uns auf die Suche nach unserer eigenen persönlichen Gleichung des Glücks begeben.

Während unserer Recherche kristallisierten sich fünf ultimative Glücksmacher heraus: Freundschaft, Familie, die große Liebe, Erfolg und das Reisen. Diese haben wir mit Blick auf unser eigenes Leben und vergangene Erfahrungen in den folgenden Kapiteln auf den Prüfstand gestellt.

Sind Freundschaften wirklich der Weg zum Glück? Welche Menschen berührten uns nachhaltig? Liebe ist Glück, heißt es. Aber müssen wir wirklich die *eine* große Liebe finden, um glücklich zu werden? Ist Erfolg der Weg zum Glück? Falls ja, wie gelingt er? Sollten wir eine Bucket List führen, um unserem Glück näher zu kommen? Sollten wir uns stetig selbst optimieren, wie es manch ein Glücksratgeber predigt? Welche Reisen haben uns nachhaltig glücklich gemacht? Was sind die ultimativen Bremser des Glücks?

Wir hoffen, dass du dich in einigen der folgenden persönlichen Episoden wiedererkennst. Vielleicht wirst du dich anschließend dazu entscheiden, die Keksdose, gefüllt mit Bildern des Exfreundes, nach über zehn Jahren in den Müll zu schmeißen. Vielleicht wirst du dazu inspiriert werden, einen lang gehegten Traum in die Tat umzusetzen, so, wie wir es mit *Pretty Happy* taten. Vielleicht erkennst du auch, welche Menschen dich unbesiegbar fühlen lassen und welche hingegen ein Gefühl der Störung in dir wecken.

Vor allem hoffen wir, dass du aufhörst zu glauben, irgendwem Schönheit zu schulden. Das tust du nicht. Ganz sicher nicht.

Nach jedem Kapitel gibt es einen Kasten für deine ganz eigene Reise zum Glück. Wir würden uns freuen, wenn du diesen leeren Platz mit deinen Gedanken und Wünschen füllst. Ganz für dich alleine, du musst deine Antworten mit niemandem teilen – außer natürlich du magst! Was für uns während unserer eigenen Glücksreise am Erstaunlichsten war: Unsere Vorbilder Oprah Winfrey und Audrey Hepburn haben recht, unser Aussehen macht uns nicht glücklich. Hat es nie und wird es auch nie.

Wir sind traurig, dass wir den uns von der Gesellschaft anerzogenen Glaubenssatz Schönheit = Glück zu lange für bare Münze genommen haben. Denn auf unserer Suche nach dem Glück gibt es in der Rückblende keine einzige Erinnerung, die mit unserem Aussehen verknüpft ist.

Unser Äußeres ist nur die Hülle, in die wir hineingeboren wurden. Für unser Inneres sind wir hingegen selbst verantwortlich. Vielleicht konzentrierten wir Autorinnen uns deswegen zu lange unbewusst auf unser Aussehen, weil unser Inneres zu analysieren um einiges schmerzvoller ist. Das Schöne ist, wir können selbst beeinflussen, ob wir ein guter Mensch mit den richtigen Werten sein wollen. Und unsere Auseinandersetzung mit uns selbst wird durch Glück belohnt. Ganz sicher.

Nur wenn unser Inneres aufgeräumt ist, sind wir bereit, unser Glück zu finden, das in allen möglichen Facetten daherkommt.

Die Menschen, die uns während unseres Lebens innerlich berühren, tun dies übrigens in den seltensten Fällen, weil sie schön sind, sondern weil sie eine Leidenschaft in uns wecken oder uns in dem Glauben an uns selbst bestärken. *Pretty Happy* war unser überfälliger Anstoß herauszufinden, was uns wirklich glücklich macht und wie wir diese Glücksmomente in der Zukunft maximieren können.

Vor allem aber haben wir uns vorgenommen, weniger an uns selbst zu zweifeln und uns seltener mit anderen zu vergleichen. Das ist nämlich hundertprozentig der direkte Weg ins Unglück. Für diese Erkenntnis muss man nicht einmal Glücksforscherin sein.

Das Beste, was es gibt auf der Welt

„Keiner möchte ohne Freunde leben, auch wenn er alle übrigen Güter besäße."

Aristoteles

Freundinnen und Freunde kann man leicht erkennen. Sie verbindet ein unsichtbares Band, geknüpft aus Vertrautheit und Liebe, aus einer gemeinsamen Vergangenheit, ähnlichen Interessen und dem Versprechen, stets das Beste füreinander zu wollen. Sie sind die Pralinen unseres Lebens. Pures Lebenselixier.

Harvard-Forscher fanden heraus, dass Menschen ohne Freunde ein höheres Risiko für einen vorzeitigen Tod haben. Das Sterberisiko bei Freundlosigkeit, so die Wissenschaftler, sei so groß wie das beim Konsum von 15 Zigaretten am Tag – und riskanter als Übergewicht und Bewegungsmangel.[60]

Der Altersforscher Thomas Glass fand in einer Befragung von 2700 Menschen über 65 Jahren heraus, dass Freunde das Leben bis zu einem Drittel verlängern können. Den Forscher überraschte das Ergebnis: „Wir wussten bereits, dass soziale Kontakte das Leben verlängern, aber uns war nicht bewusst, dass sie so einflussreich sind."[61]

Die Freundschaft schützt uns auch vor Stress. Der Freiburger Psychologieprofessor Markus Heinrichs fand in einem Experiment heraus: „Zehn Minuten an meiner Seite, schützt ein Freund mich über eine Stunde lang wirksam vor Stress."[62]

Und: **„Für Frauen kann es unter Umständen besser sein, bei einer Herausforderung die beste Freundin und nicht den Mann mitzubringen."**

Glass und Heinrichs sind nicht die einzigen Freundschaftsforscher. Während sich die Wissenschaft lange auf die Erforschung von Liebe und Partnerschaft konzentrierte, interessieren sich Psychologen seit den 1980er-Jahren zunehmend für den platonischen Zauber, der zwei Menschen miteinander verbindet. Und die Experten sind sich einig: Das Beste, was es gibt auf der Welt, sind Freunde.

Gute Laune wird nicht nur von einem Freund zum nächsten übertragen. Auch Freunde von Freunden spürten den Effekt, so die Ergebnisse einer Zehn-Jahres-Studie in Harvard. Traurigkeit ist hingegen maximal von einer zur nächsten Freundin ansteckend. Fest steht also: Freundschaften sind Glück. Aber wie funktioniert der sagenumwobene Glücksmacher Freundschaft?

Um es direkt klarzustellen: Trotz aller Studien gibt es die eine allgemeingültige Freundschaftsformel nicht. Denn die platonische Freundschaft hat ebenso viele Formen und Ausprägungen wie die Liebesbeziehung. In meinem Fall gibt es vier Arten von Freundschaft. Die großen Lieben, die Amour fou, den Kindheitsfreund und die Schwanenfreunde. Jede Freundschaft ist auf ihre Weise berührend, belebend, anders. Eben einzigartig.

Die große Liebe

Manch eine Freundin begleitet mich schon seit meinen dramatischen Teenagerjahren. Eine davon ist Clara. Jedes Mal, wenn ich mich selbst überhaupt nicht leiden mag, ist sie da. Und verlangt nichts dafür. Clara weiß genau, was eine Freundin ist. Ein Mensch, dem sie beisteht und der sie durch das Leben begleitet. In frohen Stunden freut sich die große Liebe unter den Freunden über unsere Erfolge und teilt unser Glück. In Krisen und schweren Momenten steht sie uns bei. Jedes Mal, wenn wir zusammen sind, merke ich, dass Clara Zuhause für mich ist.

Wenn wir auf der Couch liegen, uns die Nägel lackieren und einen Film ansehen, stellt sich bei mir urplötzlich ein Gefühl von Ruhe ein. Da ich ein eher unruhiger, getriebener Geist bin, ist das für mich etwas ganz Besonderes. Und habe ich erwähnt, dass Clara mit Abstand das beste selbstgemachte Sushi rollt?

Auch meine Freundin Jil liebe ich abgöttisch. Und sie mich. Bedingungslos. Zu uns passt der arabische Spruch: „Familie ist, wenn du nach Hause kommen kannst, egal, was du getan hast." Wir könnten stets zueinander fliehen. Vielleicht ist sie deswegen immer die Erste, die ich anrufe, wenn es mir so richtig schlecht geht.

Als mein Freund mich beispielsweise nach sechs Jahren von heute auf morgen verließ, was tat Jil? Sie, gerade erst in Amsterdam angekommen, setzte sich sofort ins Auto und fuhr zu mir nach Düsseldorf. Am Ende des Abends war sie gar betrunkener als ich und erklärte mir ein ums andere Mal, wie sehr sie mich liebe. Für immer. Sie würde stets an meiner Seite sein, das sei doch sowieso viel wichtiger.

Neben ihren Qualitäten als Freundin ist Jil für mich auch „la dolce vita", das süße Leben. Nicht nur, wenn wir gemeinsam ausgehen, vor allem bei alltäglichen, scheinbar banalen Unternehmungen: Fahrradtour, Freibad, Vino auf dem Barbarossaplatz in Düsseldorf trinken. Keine beherrscht es so meisterlich wie sie, einen banalen Moment besonders werden zu lassen. Die Liebe zu ihr ist tief in meinem Inneren verankert. Das ist beidseitig. Solange Jil mich liebt, ist alles okay. Und die Serie *Sex and the City* wird mich für immer an Jils Kinderzimmer erinnern.

Meine dritte große Liebe ist Roxy. Wir sind seit 28 Jahren befreundet. Fünf Monate nach meiner Geburt trat sie in mein Leben und bereichert es seitdem auf unnachahmliche Weise. Zwischen uns herrscht ein Urvertrauen, das beispiellos ist. Wie sie es damals in unserer Abiturzeitung niederschrieb: „Wir zwei gegen den Rest der Welt." Ich bin von Dankbarkeit erfüllt, sie in meinem Leben zu wissen. Roxy ist mehr als meine Freundin. Sie ist meine zweite Schwester.

Wir würden stets alles füreinander tun. Und dieses Wissen macht uns beide stark.

Ich würde mich selbst um meine drei großen Lebenslieben beneiden, wenn das möglich wäre. Sie sind meine Nummer eins. Damit bin ich nicht allein. Für 85 Prozent der Befragten sind Freundschaft und Beziehungen das Wichtigste im Leben, so die Allensbacher Markt- und Werbeträgeranalyse 2019.[63]

Während ich diese Zeilen schreibe, hoffe ich, dass ich den dreien eine ebenso gute Freundin bin, wie sie es für mich sind. Denn diese großen Lieben müssen für immer halten.

Die vergangene Amour fou

Als wir *Pretty Happy* an unseren Lektor entsendeten, befand sich hier der Abschnitt „Die Amour fou". Er handelte von einer inspirierenden, leidenschaftlichen Freundschaft. Mit Höhen und Tiefen. Nun kurz vor der Veröffentlichung unseres Buches, fühlt sich das Kapitel nicht mehr richtig an. Die Gründe dafür: vielschichtig. Ich lösche also die Zeilen. Schweren Herzens.

Den nun frei gewordenen Platz möchte ich nutzen, um mit dir die Sicht des Autors Benjamin von Stuckrad-Barre über das Ende von Freundschaften zu teilen, die ich als sehr erhellend empfinde: „Genauso auch Freunde, mit denen es auseinander gegangen ist. Nicht durch Tod, sondern durch einen Streit, durch eine Entwicklung, durch Zeit, durch das Leben. Die sind auch immer noch da und es schmerzt genauso wie der Tod oder das Ende einer Liebe, wenn etwas anderes als der Tod einen scheidet. Das ist natürlich grauenhaft bei engen Freunden, mit denen man sich überwirft. Darüber gilt es zu weinen.[64]

Auf die Frage: „Aber manchmal kommt man wieder zusammen und kann verzeihen, oder?", antwortet Stuckrad-Barre: „Ja, aber es bleibt dann etwas Schales oder man ist etwas vorsichtiger miteinander. Und wenn all diese Versuche scheiterten und man gar nicht unbedingt die Schuld verteilen will, sondern einfach nur merkt, scheiße, es ist vorbei, dann ist das natürlich auch ein Traurigsein über das Vergehen des Lebens. Das ist gar nicht so narzisstisch gemeint, nach dem Motto: Wir müssen alle sterben und ich vor allem, sondern man denkt ganz einfach: Schade, ich vermiss den. Ich vermisse aber nicht uns beide, wie wir jetzt miteinander sind, weil wir nichts mehr miteinander anfangen können, sondern ich vermisse das, was wir waren. Und ich hätte so gerne, dass wir jetzt zusammen hier auf dem Balkon stehen und eine Zigarette rauchen und dass es wieder so ist, wie es war, als es so schön war. Das ist bei Liebe und Freundschaften identisch, also den echten, großen Freundschaften, die zu Bruch gehen."[65]

Er hat recht. Was meine Amour fou mich über das Leben lehrte? Die Freundschaft gleicht der Liebe.

Der Kindheitsfreund

Mein Kindheitsfreund heißt Alex. Wir sind befreundet, seit wir neun Jahre alt sind. Wir sehen uns nicht mehr oft. An Weihnachten in unseren Elternhäusern, an den Geburtstagen meiner Mutter und vielleicht noch einmal im Jahr für Drinks. Öfter schaffen wir es nicht. Unsere Lebenswege sind unterschiedlich verlaufen, wir haben nicht an derselben Universität studiert und teilen nicht denselben Freundeskreis. Aber jedes Mal, wenn wir uns sehen, ist es, als wäre keine Zeit vergangen.

Unsere Gespräche sind gespickt mit Erinnerungen: Trauben ernten in der Toskana, Fallen stellen in Holland. Unser Ausflug in die TV-Welt Berlins. Da waren wir neun Jahre alt. Obwohl mein Kindheitsfreund und ich nur noch wenige Berührungspunkte haben, ist Alex immer noch der Mensch, der mich stets an meine Träume erinnert. Und an mich selbst. An das Mädchen, das ich war, als ich klein war.

Während unserer Zeit an der Universität und insbesondere im Berufsleben vergessen wir zu oft, wer wir wirklich sind, und vor allem, wer wir sein möchten. Wir verstellen uns, streben nach dem großen Erfolg.

Wir machen Praktika und verlieren unsere Illusionen. Ecken an und denken darüber nach, uns zu verändern. Uns anzupassen. Und manchmal halten wir an der zweitbesten Lösung fest. Doch das lässt Alex bei mir nicht zu. Er kommt, holt mich für einen Abend zurück in unsere Kindheit und erinnert mich an meine Ziele.

Wenn wir zwei zusammen sind, lautet das Motto des Abends: „The sky is the limit." Alex bestärkt mich darin, für meine Vorstellung vom Glück zu kämpfen. Noch viel wichtiger, er erinnert mich daran, dass ich gut bin, so wie ich bin. Dass ich mich nicht verändern muss, um anderen Menschen zu gefallen, nicht an mir zweifeln soll. Er muss es wissen.

Er war mein erster Gegner bei *Siedler von Catan* und im Schach. Auch als ich mich das erste Mal unsterblich verliebte, war Alex dabei. Ganz egal, ob verheult an meinem 15. Geburtstag oder mit Zahnspange. Jedes Jahr, wenn meine Mutter ihren Geburtstag feiert und er den Raum betritt, geht mein Herz auf. Vielleicht, weil mit ihm ein Stück Kindheit hereinkommt.

Er kennt mich und all meine Facetten. Und er hat recht, ich muss noch stärker für meine Träume kämpfen. Nicht klein beigeben. Ich darf niemals aufgeben, denn dann würde ich mich selbst verlieren. Nach ein paar Gläsern Wein versprechen wir uns die ewige Treue, was wir einem Partner noch nie versprochen haben, in guten wie in schlechten Zeiten. Die wir beide bereits erlebt haben, etwa als sich unsere Eltern zur selben Zeit trennten und wir im Garten Ball spielten. Des Vergessens wegen.

Vielleicht ist die Lektion für ein glückliches Leben: Halte mit aller Macht an deinen Wurzeln fest.

Psychologen halten Alex' und meine Freundschaft übrigens für schwierig. In einer Befragung aus dem Jahr 2012 gaben 89 Prozent von gemischtgeschlechtlichen Freundespaaren an, dass sie die sexuelle Anziehung als Belastung für die Freundschaft empfänden. Bei uns ist das kein Problem. Wahrscheinlich, weil wir uns schon mit neun Jahren kennenlernten. Es konnten sich Gefühle dieser Art nie zwischen uns entwickeln.

Egal, was in der Zukunft passieren mag oder wohin uns unsere Wege führen mögen, wenn es hart auf hart kommt, halten wir zwei zusammen. Alex und ich werden auch in 50 Jahren Wein trinken und er wird mir erklären, dass ich immer noch alles erreichen kann. Dadurch wird alles ein bisschen weniger schlimm sein.

Der Schwanenfreund

Schwäne stehen für mich für Glücksgefühle. Zufriedenheit, Treue, innere Ruhe. Und für die Freunde in meinem Leben, die mir sehr wichtig sind, aber bei denen ich aufgrund der Kürze unserer Freundschaft noch nicht von der großen Liebe sprechen kann. Bei dem Wort Schwanenfreund denke ich an meinen Freund Tobi, den ich während meiner Zeit bei dem jungen Portal *Orange by Handelsblatt* traf. Direkt bei unserem ersten Treffen passte es. Wir stapften durch den Schnee und zogen bis tief in die Nacht durch die Bars der Düsseldorfer Altstadt. Dieser Abend ist nun gute drei Jahre her und Toby ist es nicht leid, mein Freund zu sein. Auch wenn ich verdammt anstrengend sein kann.

Wenn ich an Schwäne denke, kommt mir auch meine Freundin Vivien in den Sinn, mit der ich dieses Buch gemeinsam schreibe. Obwohl ich mir eine Co-Autorenschaft vorher niemals hätte vorstellen können. **Sie ist ein Mensch, bei dem jeder dankbar sein muss, sie zu kennen.** Ihr unfassbar ausgeprägtes Wertebewusstsein macht einen selbst zu einem besseren Menschen. Zeit mit ihr zu verbringen, tut der Seele gut.

Das Besondere an ihr ist, dass sie nicht nur einen selbst, sondern die ganze Familie mitadoptiert. Vivien vergisst nie, meiner Familie Grüße auszurichten und sich zu erkundigen, wie es ihnen geht. Solch seltene Charaktereigenschaft wird natürlich honoriert. Ob mein Vater, meine Schwester oder ich selbst: Vivien hat unsere Herzen im Sturm erobert. Und sie kann sich unserer uneingeschränkten Loyalität sicher sein, weit über *Pretty Happy* hinaus! Welcome to the Schink Family, Frau Wulf!

Wir sollten damit anfangen, unsere Zeit den richtigen Menschen in unserem Leben zu schenken. An welche Menschen hast du bei der Lektüre dieser Seiten gedacht? Wer kommt dir direkt in den Sinn, wenn du an Freundschaft denkst? Wann hast du das letzte Mal einer Freundin mitgeteilt, was sie dir bedeutet?

Es muss nicht immer ein großes Geschenk sein, manchmal reicht als Zeichen der Wertschätzung auch eine kleine Geste. Etwa eine schmucklose WhatsApp-Nachricht. Kürzlich erst schrieb mir mein Freund Philipp: „Ich muss einfach mal loswerden, dass ich unsere Freundschaft sehr schätze." Vielleicht sollten wir uns an ihm ein Beispiel nehmen und den Menschen, die wir schätzen, einfach mal mitteilen, dass wir dankbar für die Freundschaft sind. Dankbar dafür, sie in unserem Leben zu haben.

Die Freundschaft und das Störgefühl

Es ist wie mit allen Dingen im Leben. Auch in dem Segment Freundschaft gibt es Fälschungen. Schlechte Freunde, die uns nicht nur unglücklich, sondern krank machen können. Am meisten schaden uns dabei übrigens die Personen, die sich nicht eindeutig verhalten. Mal sind sie unsere engsten Vertrauten, dann wenden sie sich von uns ab. Solche ambivalenten Beziehungen stressen uns. Sie sind Gift für unsere Seele.

Auch ich habe in meinem Leben Fälschungen erlebt. Das geschah meistens in Verbindung mit Mädelscliquen. Die letzte „Freundschaft" dieser Art führte ich mit 18 Jahren. Wie so viele junge Frauen fand ich es toll und berauschend, Teil einer Gruppe zu sein.

Mich durch die vermeintliche Zugehörigkeit stark und wichtig zu fühlen, auch wenn ich tief im Inneren stets ein undefinierbares Störgefühl empfand, wenn wir zusammen waren.

Obwohl mir meine große Liebe Roxy davon abriet und nicht müde wurde, meine, in ihren Augen, oberflächliche Freundschaft zu diesen Mädchen zu kritisieren. Besonders eine Freundin aus der Clique ließ sie an meinem Urteilsvermögen zweifeln. Nennen wir sie für dieses Buch Anna. „Nena, die tut dir doch nicht gut. Die ist nur auf ihren eigenen Vorteil bedacht. Die will durch dich nur einen kostengünstigen Zugang ins Düsseldorfer Nachtleben haben. Sie nutzt dich aus", erklärte mir Roxy.

Ich hörte nicht auf sie. Leider. Denn in einem gemeinsamen Sommerurlaub auf Mallorca wandelte sich das Störgefühl in eine tiefe Verletzung. Besser formuliert: Ich wurde von meinen Freundinnen aufs Kreuz gelegt. Aber so richtig. Aufgrund eines rückblickend belanglosen Vorfalles verbündeten sich die drei gegen mich und fühlten sich großartig in ihrer gemeinsamen Abneigung. Und ich: war raus.

Ich reiste ab, verließ Mallorca und weinte den ganzen Flug über bitterlich. Nicht wegen der Freundschaft, die ich verloren hatte, sondern wegen des Gefühls, jahrelang einer Fälschung aufgesessen zu sein.

Wie hatte ich so viel Zeit mit diesen Mädchen verbringen können? Ihnen meine intimsten Geheimnisse anvertrauen? Was für eine Verschwendung meiner Lebenszeit! Auch heute, zehn Jahre später, würde ich mit keiner von ihnen jemals wieder ein Wort wechseln. Sie haben meine Aufmerksamkeit nicht verdient, selbst ein Hallo wäre zu viel!

Was wir aus vergangenen Fälschungen lernen können? Dass wir unseren Freundeskreis konstant überprüfen sollten. Welche Freundschaft tut meiner Seele gut? Welche Freundin steigert mein persönliches Glück, anstatt Störgefühle in mir zu wecken? Mit wem bin ich nur noch aufgrund der gemeinsamen Vergangenheit oder eines fälschlich empfundenen Pflichtgefühls befreundet?

Eine Freundschaft zu beenden ist übrigens gar nicht schlimm. Vielmehr ist der abgedroschene Spruch „Lieber ein Ende mit Schrecken als ein Schrecken ohne Ende" hundertprozentig wahr.

Vielleicht sollten wir, anstatt bestimmten Menschen immer wieder eine zweite Chance zu geben, einfach jemand anderem die erste geben, wie Michael Nast so schön sagte.

Wann eine Freundschaft enden sollte, muss jeder für sich allein entscheiden. Aber eines steht fest, eine Freundschaft darf niemals eine Einbahnstraße sein. Sobald eine bloß nimmt oder ihr Herz ausschüttet, erfüllt die Freundschaft nicht mehr die Erwartungen, die ich an sie stelle. Und verletzt mich. Auch bei großen Verletzungen und Enttäuschungen sollte man eine Freundschaft beenden. Von heute auf morgen. Flapsig formuliert: TIME TO SAY GOODBYE!

Trotz aller Reinfälle habe ich meinen Glauben an die großen Freundeslieben nie verloren. Ich würde mich jederzeit wieder mit meinem Herzen in der Hand in eine Freundschaft stürzen. Denn es gibt sie, die Freundschaften fürs Leben. Sie sind nur seltener, als wir glauben. Ein Grund mehr, an diesen seltenen Perlen festzuhalten. Heute und für immer! Denn die wahren Freundschaften sind unser Schlüssel zum Glück.

Notiz an uns selbst:

∞ Wahre Freundschaft ist ein echter **Glücksspender.**

∞ Die richtigen Freunde sind **Lebenselixier.**

∞ Freundschaft bringt uns **Energie.**

∞ Unsere platonischen Liebesbeziehungen steigern unser **Selbstwertgefühl.**

∞ Eine Freundschaft darf niemals eine **Einbahnstraße** sein.

∞ Freundschaften, die Störgefühle in uns wecken, sind bloß **Fälschungen.**

Dieser Kasten ist ganz für dich allein. Nutze ihn, um die folgenden Fragen zu beantworten: Welche meiner Freundschaften tut mir gut? Welche Freunde glauben an mich und unterstützen mich? Wen kann ich immer anrufen, ob Tag oder Nacht?

Wer gibt mir Energie und multipliziert mein persönliches Glück? Aber auch: Wer weckt Störgefühle in mir? Wer ist in meinem Freundes- und Bekanntenkreis die Anna? Diese Verbindung gilt es zu überprüfen, die anderen hingegen zu zelebrieren!

Meine Uroma Martha

„Familie ist, wo das Leben beginnt und die Liebe niemals endet."

Sprichwort

Wenn ich wie heute Nacht über das Glück sinniere, denke ich nicht nur an meine Freundinnen, sondern auch an meine Familie. Vor allem an meine Uroma Martha, diese kluge, großartige, progressive Frau, die mein Leben prägte wie kaum ein anderer Mensch.

Ich denke an Bücher, Kreuzworträtsel, Süßigkeitentüten, mein Sternzeichen Löwe, Lebensweisheiten und Geburtstagskarten. Niemand schrieb solch lange Briefe wie sie oder sinnierte stundenlang über die richtige Antwort beim Rätseln. Die Liebe zum geschriebenen Wort habe ich von ihr. Es ist ihr Vermächtnis an mich.

Während Martha Karten an Familie und Freunde in Sütterlinschrift beschrieb, wird mir das Privileg zuteil, in einer reichweitenstarken Zeitung oder in einem Buch wie diesem meine Gedanken zu Papier zu bringen. Nicht dass ihre schriftlichen Erzeugnisse weniger wert wären als die meinen, manche Karten, die sie mir schrieb, sind besser als jeder Artikel, den ich jemals schreiben werde. Denn meine Uroma hatte die seltene Gabe,

Gefühle in kurzen, prägnanten Sätzen auszudrücken. Sie wäre eine verdammt gute Journalistin gewesen.

Der Unterschied ist lediglich, ich wurde zur richtigen Zeit geboren. Sie nicht.

Heute schreibe ich meiner Familie zu jedem Geburtstag lange Karten. Genauso, wie sie es tat. Mein Vater vermisst die Briefe meiner Uroma trotzdem. In meinem ersten Buch schrieb ich über unsere letzte gemeinsame Reise nach Hohenthurm. Während ich *Pretty Happy* schrieb, wurde mir bewusst, dass nicht diese Reise ihr eigentliches Vermächtnis an mich ist, sondern ihr Glaube an meine Fähigkeiten, meine Träume.

Und dass ihr mein Aussehen immer herzlich egal war. Eine ihrer Weisheiten lautete: „Du wirst mit deinem Aussehen empfangen, aber mit deinem Verstand verabschiedet. Das zweite ist der wichtigere Part." Wie recht sie hatte.

Heute passiert es mir oft, dass ich bei einem beruflichen Erfolg bitterlich weine, weil sie es nicht mehr mitbekommen kann. Obwohl es unsere gemeinsamen Erfolge sind, hindert uns ihr Tod daran.

Mit 92 Jahren starb sie nicht zu früh, aber für mich immer noch zu früh. Wie gerne wäre ich bei der Veröffentlichung von UNFOLLOW mit ihr in eine Buchhandlung gegangen, hätte ihre Hand gehalten, sie fest umschlungen und gemeinsam mit ihr mein Buch gekauft. Damals, als ich meinen ersten Artikel im FOCUS Magazin veröffentlichte, konnte ich sie noch anrufen und ihr sagen: „Schlag mal die Seite 21 auf." Ihre Reaktion: „Ich bin so stolz auf dich." Da war ich 20 Jahre alt.

Vielleicht war deswegen der schönste und zugleich schlimmste Moment in meiner bisherigen beruflichen Laufbahn mein Einstieg in die Top Ten der *Spiegel*-Bestsellerliste. Ohne sie. Ich freute mich, rief meine Eltern an, zelebrierte das Ereignis mit meinen Freunden bis tief in die Nacht hinein. Am nächsten Tag saß ich dann im Zug nach Berlin und weinte lautlos vor mich hin. Es sollte nicht das letzte Mal sein. Bei jedem noch so kleinen Erfolg vermisse ich sie schmerzlich. Mit jeder Faser meines Herzens.

Bei meinem ersten Fernsehauftritt bat ich damals als Zehnjährige den Moderator, meine Uroma grüßen zu dürfen. Das klang dann so: „Hallo, Oma Martha, du bist die beste Uroma auf der ganzen Welt. Ich hab dich lieb." Zum Glück tat ich das. Zu ihren Lebzeiten.

Heute weiß ich, dass ich mehr Zeit mit ihr hätte verbringen müssen. Es war zu wenig. Es wäre zwar immer zu wenig gewesen, aber ich war schlicht zu jung, um unsere gemeinsame Zeit genug wertzuschätzen.

Es gibt viele Fragen, die ich ihr gerne noch gestellt hätte. Zum Beispiel, warum sie, die 1923 geboren wurde, in vielerlei Hinsicht so progressiv dachte. Das Geburtsjahr 1923 ließ für sie schließlich keine Höhenflüge, keine Träume zu, hatten die Frauen in Deutschland doch gerade einmal vier Jahre vor ihrer Geburt das nationale Wahlrecht errungen. Ein Studium für sie? Unmöglich. An eine höhere Bildung war gar nicht zu denken.

Noch bis tief in die 1950er-Jahre hinein lehrte die Gesellschaft die Frauen, ihren Männern hörig zu sein. Sie benötigten sogar das Einverständnis ihres Mannes, um einer beruflichen Tätigkeit nachzugehen. Das Motto jener Tage: Spreche wenig über dich selbst, erleichtere deinem Ehemann das Leben und liebe dein Leben als Hausfrau. Zelebriere es, poliere seine Schuhe und sei deinem Ehemann in seinem Arbeitsalltag eine Stütze.

Was Martha trotz oder vielleicht wegen ihrer eigenen Erziehung nie tat? Mir erklären, dass ich später einen Versorger brauchen würde.

Ich sollte verdammt nochmal mein eigener Boss sein. Den Männern zeigen, wo es langgeht. Mein eigenes Geld verdienen.

Finanziell unabhängig sein. Mein Leben nach meinen eigenen Vorstellungen leben. Vielleicht bewertete sie deswegen nie mein Aussehen, es war für sie stets nebensächlich.

Sie schenkte mir lieber Bücher als Puppen und interessierte sich vorrangig für meine Schulnoten. Spaß daran, meine Haare zu flechten, hatte sie hingegen nie. Vielleicht, weil sie unbewusst von dem Wunsch getrieben war, dass ich es einmal besser als sie haben sollte. Ich bin fest davon überzeugt, dass mich ihr Wunsch nach Selbstständigkeit von klein auf beeinflusst hat.

Ihre Erziehung und ihre Werte prägten mich. Unsere Spaziergänge über die Flohmärkte auf der Suche nach Büchern, die ich noch nicht hatte. Ihr Lob, wenn ich las. Sie liebte es, mich lesen zu sehen.

Auch meine Erinnerungen an die Sonntage mit meiner Mutter und meiner Schwester in der Kaarster Stadtbibliothek gehören für mich zu den schönsten Kindheitserinnerungen. Selbst wenn die Suche nach dem richtigen Buch teilweise mehrere Stunden andauerte, rief mich meine Mutter nie zur Eile auf.

Dadurch begann ich früh, Bücher und Wissen mit Lob zu verknüpfen. Es gibt schlechtere Gleichungen. Meine Liebe zu Printerzeugnissen ist übrigens bis heute geblieben. Wenn ich kein Buch oder zumindest eine Zeitung in meiner Handtasche habe, werde ich hektisch.

Eine Anekdote gibt meine Freundin Jil immer gerne zum Besten. „Wir waren in Kitzbühel und hatten nur noch 50 Euro für unsere Rückfahrt. Den Rest unserer Reisekasse hatten wir gemeinsam in der Nacht zuvor im Kasino verspielt. Während ich schlecht gelaunt auf den Zug wartete, war Nena mit unserem Geld plötzlich verschwunden. Nach einigen Minuten tauchte sie freudestrahlend auf, präsentierte mir ihre vier frisch gekauften Bücher und eröffnete mir, dass das Geld glücklicherweise noch gereicht hätte. Ich hatte Hunger und war sauer. Am Ende schlief

Nena die ganze Rückfahrt lang und hielt ihre Bücher eng umschlungen im Arm."

Heute weiß ich natürlich, dass mein Verhalten nicht richtig war. Aber ich bin mir sicher, dass meine Uroma mich verstanden hätte. Dass sie mir zwar erklärt hätte, der Einkauf von Nahrung für meine Freundin wäre wichtiger gewesen, aber meinen Bücherkaufrausch insgeheim geliebt und gefeiert hätte.

Meine Erinnerung an sie kommt auch heute noch, fünf Jahre nach ihrem Tod, in Wellen. Kürzlich schrieb ich meiner Mutter deswegen. Ihre Antwort: „Ich verstehe dich. Ich würde so gerne mit Oma über alles reden. Sie war in allem die Expertin. Und seelisch so unglaublich stabil. Sie hatte immer gute Laune. Und hat uns stets zum Gegenteil, zur Selbstständigkeit erzogen. Sie war so stark und hat dich sehr geliebt. Du und deine Schwester wart ihr großes, spätes Glück."

Nicht nur meine Familie hat meine Uroma geprägt, berührt und inspiriert. Auch viele andere Menschen in ihrem Umfeld. Nachdem UNFOLLOW erschienen war, schrieb mir meine Großtante, zu der ich kaum Kontakt hatte: „Sehr berührt hat mich, da ich deine Uroma Martha sehr gerne hatte, das Kapitel deiner Reise mit ihr. Schade, dass sie deinen Werdegang nicht mehr erleben konnte, aber wer weiß, vielleicht guckt sie ja von irgendwoher zu."

Das hoffe ich, und wenn ich jemals eine Tochter bekommen sollte, wird ihr zweiter Name Martha sein. Den wird sie hoffentlich mit Stolz tragen. Stolz darauf, von einer so progressiven Frau abzustammen, für die Freiheit stets das wertvollste Gut war.

Einer Frau, der Female Empowerment bereits ein Begriff war, bevor er zum gängigen Modewort wurde.

Dir, meiner Leserin, möchte ich mit diesem Kapitel sagen, dass du den Menschen, die dich lieben, nicht wichtig bist, weil du schön aussiehst. Glück entsteht nicht durch das perfekte Aussehen.

Wenn ein Mensch stirbt, wird er selten vermisst, weil er hübsch war. Er wird danach beurteilt, ob er für andere da war, ob er Menschen berührt oder Leidenschaft in ihnen geweckt hat. Meine Uroma entsprach übrigens nie dem klassischen Schönheitsideal. Auch nicht in ihrer Jugend. Für den gesellschaftlichen Geschmack der Zeit war sie zu rothaarig, zu klein und zu hager. Geliebt wurde sie wegen ihres Charakters, wahrscheinlich mehr als viele andere Frauen.

Ich weiß nicht, wie du später in Erinnerung bleiben möchtest. Ich persönlich möchte nicht für mein äußeres Erscheinungsbild, meine Beine oder die Fähigkeit, meine Haare perfekt zu stylen, in Erinnerung bleiben. Was mir übrigens eh nie gelingen wird. Stylingtechnisch bin ich ein gnadenloser Anfänger.

Stattdessen möchte ich als Mensch mit einem guten Herzen in Erinnerung bleiben. Einer, der der Gesellschaft einen Mehrwert geboten und die Menschen meines Herzens in jeglicher Form unterstützt und glücklich gemacht hat. Ich möchte eine gute Schwester, Tochter, Freundin und Kollegin gewesen sein.

Das wird mir aber nur dann gelingen, wenn ich mein Leben, schon während ich lebe, auf dieses Vorhaben ausrichte. Genauso wie meine Uroma. Sie ist mein Vorbild, heute und für immer. Ich bin von tiefer Dankbarkeit erfüllt, ihre Urenkelin zu sein.

Der folgende Kasten ist da, um festzuhalten, wer dich in deiner Kindheit geprägt hat. Wofür bist du dankbar?

_____

_____

_____

_____

_____

Es geht weiter. Bitte trage hier ein, wofür du geschätzt werden möchtest. Wie sollen sich deine Mitmenschen später an dich erinnern?

_____

_____

_____

_____

_____

_____

Sollte man für einen Mann sein eigenes Leben opfern?

„Es gibt keinen Weg zum Glück – das Glück ist der Weg."

Mönch Thích Nhất Hạnh

Neben der Freundschaft und der Familie macht uns die Liebe glücklich. Auf jeden Fall steht das in fast jedem Glücksratgeber, Liebe = Glück.

Oder in den Worten Wilhelm Buschs: „Die Summe unseres Lebens sind die Stunden, in denen wir liebten." [66]

Ich dachte lange, dass die romantische Liebesbeziehung der ultimative Weg ins Glück sei. So zog ich einst, ohne groß darüber nachzudenken, der Liebe wegen weg aus meiner Heimatstadt Düsseldorf. Bereitwillig gab ich alles auf. Für ihn. Für uns. Viele erklärten mich damals für verrückt: „Wie kann man nur nach drei Monaten Beziehung zusammenziehen? Das ist doch viel zu früh. Wieso gibst du alles für euer Zusammensein auf?"

Mir war die Länge unserer Beziehung damals völlig egal. Auch heute ist der Zeitpunkt des Zusammenziehens für mich irrelevant. Stell dir vor, du bist mit deinem Partner sechs oder zehn Jahre zusammen. Dann entscheidet ihr euch zusammenzuziehen und merkt: Es ist die absolute Katastrophe. Anstatt also jahrelang meine Zeit zu verschwenden, ziehe ich lieber schnell mit einer Person zusammen. Ausziehen kann ich schließlich immer noch.

Eine Sache habe ich jedoch gelernt: Wir sollten nicht alles für unsere vermeintliche Lebensliebe aufgeben.

Aber zurück zum Anfang. In der neuen Stadt angekommen, heißt mich bei meiner Ankunft eine echte Männerwohnung willkommen. Innerhalb kürzester Zeit streichen wir die Wände und tauschen die Möbel sukzessiv aus. Wir kreieren ein gemeinsames Zuhause. Planen eine gemeinsame Zukunft. Schweben auf Wolke sieben. Aber meine anfänglichen Glücksgefühle sind leider nur von kurzer Dauer.

Immer häufiger kommt es vor, dass ich alleine zu Hause bin, mich einsam fühle, meine Freundinnen, meine Familie und mein gewohntes Umfeld vermisse. Traurig in dem Zuhause, das mich doch eigentlich glücklich machen sollte? Die Situation wird immer mehr zur Belastungsprobe. Letztendlich zerbricht unsere Beziehung. Nicht aus mangelnder Liebe, sondern weil ich unglücklich bin.

Unglücklich, weil ich mein Leben nach einem Mann ausgerichtet habe und selbst auf der Strecke geblieben bin.

Natürlich wäre es bequem, tagein, tagaus weiterhin im gemachten Nest aufzuwachen. Aber könnte ich mich dann noch selber im Spiegel betrachten? Nein. Ich entscheide mich also dafür, mein Leben endlich wieder selbst in die Hand zu nehmen, und trenne mich von meinem Freund und damit auch von seiner Familie, die wie meine eigene geworden ist. Als seelische Unterstützung kommt meine beste Freundin Kati aus Düsseldorf. Täglich bekomme ich Nachrichten von ihr. Sie checkt andauernd, wie es mir geht.

Wir alle suchen in unserem Leben nach Wertschätzung und Anerkennung, nach Beziehungen, die uns bereichern,

unterstützen. Doch am Ende sind wir der Durchschnitt der fünf Menschen, mit denen wir die meiste Zeit verbringen.

Der Tag des Umzugs beginnt mit einem kühlen Sommermorgen. Rote Sonnenstrahlen wecken mich. Ich stehe auf, spiele *Come away with me* von Norah Jones auf Spotify. Mache mir einen Tee. Fühle mich komisch. Ich weiß, mit dem heutigen Tag ist es vorbei. Ein für alle Mal. Mein altes Zuhause: weg. Meine Beziehung: endgültig vorbei. Ob es die richtige Entscheidung ist? Ich bin mir unsicher.

Just in diesem Moment erreicht mich eine WhatsApp von meiner Freundin Alina: „Guten Morgen, mein Schatz, heute ist ein guter Tag. Der Start in ein neues Leben. Dann bist du endlich wieder in meiner Nähe. Gemeinsam schaffen wir das heute. Bis gleich."

Alina und ich kennen uns seit über zwölf Jahren. Wir haben eine ganz spezielle Verbindung, sie spürt immer, wenn ich ihre Hilfe brauche. Tränen schießen mir in die Augen. Ich bin dankbar. Auch meine langjährige Freundin Marie schreibt mir eine stärkende Nachricht.

Drei Stunden später sind beide da. Bei ihrer Ankunft drücken sie mich fest. „Komm, wir schaffen das." Gemeinsam packen wir die Kisten. Ich kann meine Tränen nicht mehr zurückhalten, schnappe nach Luft. Wir verstauen zwei Jahre meines Lebens in 45 Kartons. Ich bin froh, nicht alleine da durchzumüssen. Meine Freundinnen geben mir Kraft. Ich weiß, ich bin nicht alleine. Sie sind so stark, dass ich es manchmal selbst nicht glauben kann, sie meine Freundinnen nennen zu dürfen. Sie sind immer für mich da, erwarten nie eine Gegenleistung und geben alles. Bedingungslos. Wahre Freundinnen eben.

Meine Trennung hat mir gezeigt, wie wertvoll die kleine Schwester der Liebe ist. Dass nicht mein Partner, sondern meine Freundinnen meine große Lebensliebe sind.

Mein Umzug und die Loslösung von meinem Exfreund waren alles andere als einfach, aber statt weiterhin zu jammern, handelte ich proaktiv. Für ein selbstbestimmtes Leben. Darauf bin ich stolz. Wir vergessen oft, dass wir nur dieses eine Leben haben. Und das ist definitiv zu schade, um unglücklich in der eigenen Komforthängematte zu schaukeln.

Dieser Kasten ist für deine aktuelle Gefühlslage: Bist du gerade unglücklich? Was willst du wirklich? Was würde dich glücklicher machen? Und vor allem: Was bist du bereit, dafür zu geben?

Say YES!

„Wenn das Leben dir mal wieder nur Zitronen gibt,
mach doch einfach Limoncello draus."

Sprichwort

Nicht nur Alina erleichterte mir meine schmerzhafte Trennung. Auch eine andere Freundin spielte bei meinem Learning, dass die Freundschaft unser größtes Gut ist, eine signifikante Rolle. Die Geschichte beginnt mit einer schwarzen Salatschüssel, die mich zum Weinen bringt. Okay, vielleicht sind es doch eher die dutzenden Umzugskartons, die um mich herumstehen und endlich gepackt werden müssen.

Zwecks Job schreibe ich meiner Freundin: „Hast du eine Idee, wo ich mich bewerben könnte? Ich habe mich getrennt, bin zurück in Düsseldorf und suche einen neuen Job."

Sie ist sehr gut vernetzt und kreativ, hat immer gute Ideen. Mein Handy klingelt, ihre Nummer erscheint. Mittlerweile bin ich beim Salatbesteck angekommen. „Was? Wie, ihr habt euch getrennt? Wie geht es dir? Was kann ich für dich tun?" Ich erkläre ihr die Situation, sie tröstet mich. Wir legen auf.

Keine zehn Minuten später klingelt es erneut. Wieder sie. Ob sie wohl so schnell eine Idee wegen eines Jobs für mich hat? „Ich bin gerade mit meinem Freund und zwei seiner engsten Freunde am Gardasee. Wir haben in dem Haus von dem besten Freund meines Freundes noch ein wunderschönes Zimmer mit traumhaftem Blick auf den See frei. Was hältst du davon, wenn du einfach ein paar Tage zu uns kommst? Ich würde mich so freuen", unterbreitet sie mir ihren Vorschlag fröhlich.

Überfordert mit dem Angebot suche ich nach Ausreden. Eigentlich habe ich jetzt gar keine Zeit dafür, denke ich mir. Job, Kisten auspacken – doch sie lässt nicht locker. Natürlich nicht. Wenn sie eines nicht kann, ist es nachgeben. Gefühlt eine Stunde lang redet sie auf mich ein. Erzählt mir von ihrem Herzensort, Gardone, dem Ort, der für sie reines, pures Glück bedeutet, dem Ferienhaus, ihren Freunden.

Sie schwärmt mir vom süßen Leben vor, *la dolce vita*. „Das ist jetzt genau das Richtige für dich", schließt sie ihren Monolog. Ich weiche erneut aus. Wir legen auf. Ich sinke in mir zusammen. Das Atmen fällt mir schwer. Ich weine.

Doch ich habe keine Zeit, mich von meinen Emotionen leiten zu lassen. Mein Handy blinkt im Sekundentakt. Meine Freundin bombardiert mich mit Bildern vom Gardasee und mit Videonachrichten von ihren Freunden, die mich unbekannterweise grüßen. Süß von ihr. Ich lächle.

Schön, solche Freunde zu haben, die selbst dann, wenn man schwer zu knacken ist, nicht lockerlassen.

Ich denke an meinen letzten Italienurlaub. Und die Nachrichten meiner Freundin werden immer penetranter. In mir reift der Gedanke: „Wieso eigentlich nicht." Die Stimme in meinem Kopf wird immer lauter. Ich schiebe meine Umzugskartons zur Seite. Stapele sie. Ich kann ja mal nach Flügen schauen. Ich klappe meinen Laptop auf.

Aufgrund der aktuellen Coronapandemie gibt es in der ganzen Woche nur einen einzigen passenden Flug. Ausgerechnet heute, um 17.30 Uhr. Jetzt ist 13.55 Uhr. Gerade einmal dreieinhalb Stunden. Mein Herz fängt heftig an zu schlagen. Ich rufe meinen Papa an, erkläre ihm die Situation und frage ihn, ob ich wirklich zum Gardasee fliegen solle. Seine Antwort ist entschlossen: „Einfach machen."

Ich bin überrascht, fast schon schockiert. Stehe ich mir etwa nur noch selber im Weg? Ich beiße unruhig auf meiner Unterlippe herum, streiche mir nervös eine Strähne aus dem Gesicht und entscheide: Ja, ich fliege.

Wie der Schriftsteller John Augustus Shedd es einst so treffend formulierte: „Ein Schiff im Hafen ist sicher. Doch dafür werden Schiffe nicht gebaut." [67]

Ich muss jetzt einfach raus, was anderes machen, mich ablenken. Also verlasse ich meinen Hafen, und zwar jetzt. Ich brauche 90 Minuten zum Frankfurter Flughafen. Das sollte passen. Dann buche ich den Flug, heute hin, in zwei Tagen zurück. Ich schnappe mir drei Kleider, einen Bikini und meine Kosmetiktasche. Stopfe alles in meine Handtasche.

Als ich im Türrahmen stehe, mich umdrehe und die vielen Umzugskartons erblicke, kullert mir dann doch noch eine Träne über meine rechte Wange. Ist es die richtige Entscheidung? Ja! Vielleicht sogar die beste, die ich seit einer sehr, sehr langen Zeit getroffen habe. Also schließe ich die Tür und lächle.

Der Flughafen ist komplett leer. Da ich noch jede Menge Zeit habe, setze ich mich vor ein großes Fenster, setze meine Kopfhörer auf und beobachte die Flugzeuge, wie sie landen und starten. *L-O-V-E* von Nat King Cole läuft. Mein Lieblingslied seit über zehn Jahren. Die Trennung fällt mir noch sehr schwer, da ich mich nicht aus mangelnder Liebe getrennt habe. Tränen laufen immer und immer wieder über meine Wangen. Ich versuche, meine Gedanken auf den Gardasee und das, was vor mir liegt, zu lenken. Wehmütig zurückzublicken bringt jetzt auch nichts. Kaum im Flieger, schlafe ich sofort ein. Als wir in Bergamo landen, wartet meine Freundin schon auf mich. Sie strahlt wie ein

Honigkuchenpferd und rennt mir entgegen. Wir umarmen uns, bestimmt fünf Minuten lang. Ich kann nicht glauben, dass ich wirklich hier bin. Wir fahren zum Ferienhaus. Auf der Fahrt sprechen wir über ihr Lieblingsthema: Italien.

Wir erreichen unser Ziel. Ein großes Tor öffnet sich. Sonnenuntergang. Perfektes Timing. Ich steige aus, bin sprachlos. So eine wundervolle Kulisse habe ich in meinem Leben selten gesehen. Der See liegt zu unseren Füßen, alles um uns herum ist in ein abendliches Rot getaucht. Für einen Moment lang vergesse ich all meine Sorgen. Ich fühle Glück. Bin dankbar für diesen Sonnenuntergang. Schon allein dafür hat sich das Ausbrechen gelohnt.

Aus der Küche duftet es nach italienischen Kräutern. Meine Freundin stellt mir ihre Freunde vor. „Wir hoffen, du magst Risotto?" Bevor ich überhaupt Ja sagen kann, habe ich ein Glas Wein in der Hand. Wir stoßen an. Meine Probleme sind plötzlich weit entfernt.

Ich genieße den Abend und die Gespräche in vollen Zügen. Vielleicht ist das Leben manchmal gar nicht so kompliziert, denke ich mir. Vielleicht lassen wir unsere Probleme manchmal einfach größer werden, als sie eigentlich sind. Auch in den nächsten beiden Tagen scheinen meine Probleme weit entfernt.

Wir genießen das Wetter und kosten das italienische *La-dolce-vita*-Lebensgefühl voll aus. Fahren mit einem Boot über den See, essen Pasta in einem Restaurant, das man nur über das Wasser erreichen kann. Spazieren durch ein kleines Dorf, lachen, hören italienische Musik, trinken jede Menge Wein. Abends sitzen wir mit Blick auf den nächtlichen Gardasee zusammen.

Um zwei wird meine Freundin müde. Sie will ins Bett. Ich bleibe allein zurück, habe ich mir doch versprochen, heute den Sonnenaufgang zu sehen. Um fünf ist es dann so weit, die Sonne geht auf. Und ich? Bin so zufrieden wie lange nicht mehr, dankbar für die Möglichkeit, die sich mir geboten hat. Und auch ein bisschen stolz auf mich, das spontane Abenteuer gewagt zu haben.

Ich bin der festen Überzeugung, dass wir viel öfter einfach mal Ja sagen sollten. Ja zu unserem Leben, das voller schöner Momente steckt. Wir sollten Gelegenheiten und Abenteuer, die sich uns bieten, wahrnehmen. Das ist der Weg zum kleinen Glück. Denn ohne mein spontanes Ja an jenem Dienstag hätte ich den Sonnenaufgang am Gardasee wahrscheinlich niemals gesehen.

Bitte notiere hier: Wann hast du das letzte Mal Ja zu deinem Leben gesagt? Wann hättest du Ja sagen sollen, es nicht getan, aber möchtest es in der Zukunft tun? Welche spontanen Abenteuer haben dich geprägt und dir ein Gefühl von Glück vermittelt? Diese Momente gilt es zu multiplizieren!

Sunday Blues: ohne Regen kein Regenbogen

„Wäre das Wort ‚Danke' das einzige Gebet, das du je sprichst, so würde es genügen."

Meister Eckhart

Nach dem Höhenflug Gardasee folgt der Sinkflug Düsseldorf. Auch wenn mir an den meisten Tagen mein neues Dasein als Single scheinbar zu gelingen mag, ist das ebenfalls neu empfundene Gefühl der Einsamkeit oftmals schmerzvoll. Heute ist wieder so ein Tag, den ich mir nicht unbedingt in meinem Kalender markieren muss.

Ich wache auf. Mein Kopf tut weh. Ich kneife meine Augen zusammen, es ist zu hell. Kein Wunder, es ist schon elf Uhr. Ich ärgere mich über mich selbst. Ich bin völlig verkatert. Normalerweise trinke ich nie mehr als ein, zwei Gläser Wein. Gestern habe ich mich zu unzähligen Wodka-Shots hinreißen lassen. Ein Fehler.

Nach der ganzen Feierei habe ich für diesen Sonntag nur zwei Dinge geplant: Netflix und Pizza. Ich bin sehr gerne mal alleine. Eigentlich. Ich stehe auf, mache mir einen Grüntee und einen extragroßen grünen Smoothie. In meine Bettdecke eingekuschelt lege ich mich auf meine Couch und trinke das grüne schlechte Gewissen. Ich habe keine Glücksgefühle mehr in mir. Nach einem Wochenende voller Endorphine fühle ich mich leer. Ausgebrannt. Ich schalte Netflix ein. Das Einzige, was meine selektive Wahrnehmung gerade zulässt, sind Liebesschnulzen. Ausgerechnet das. Sich nach einer Trennung einen Liebesfilm reinzuziehen, grenzt an seelische Selbstzerstörung. Und es kommt, wie es kommen muss: Die Erinnerung an meinen Exfreund wird allgegenwärtig. Ich bekomme ein Ziehen in der Magengrube, eine Träne kullert über meine Wange. Ich dachte, ich hätte alles verarbeitet. Fehlanzeige!

Ich stehe auf, will mir einen neuen Tee machen. Auf einmal klirrt es nur noch. Scherben überall. Das Glas ist gesprungen. Seit meiner frühen Jugend trinke ich regelmäßig Tee, ohne einen Schaden bisher – und ausgerechnet heute springt das Glas? Ich fange laut an zu schluchzen. Wären es doch wenigstens Porzellanscherben, die bringen wenigstens Glück. Aber Glas? Die ganze Welt scheint sich gegen mich verschworen zu haben. Ich sinke zu Boden, um die Scherben aufzukehren.

Sind es nur die Glasscherben oder die Scherben meines aktuellen Lebens? Ich fühle mich alleine, ungeliebt und hilflos. Fühlt sich so eine Depression an? Selten habe ich solch eine Leere in mir gespürt. Bin mir selbst nicht mehr genug. Schlichtweg unglücklich.

Mein Handy klingelt. Meine Freundin Marie ist dran. Seit meiner Trennung vor einem Monat ruft sie mich fast täglich an, um zu hören, wie es mir geht. Ich fange an zu schluchzen. „Was ist los?", fragt sie. Ich erzähle ihr von meinem Partywochenende, Freunden, Drinks und meinem furchtbaren Tag.

„Und da wunderst du dich, wieso es dir heute so geht? Ist doch ganz logisch, du hast deinen Glückshormonspeicher einmal komplett geleert. Ein Hoch hat das nächste gejagt und jetzt bist du leer. Hör auf, dich in Selbstmitleid zu baden. Sei stattdessen dankbar für deine neue Wohnung, für die Herzensstadt, in der du jetzt wieder wohnst, für deine Freunde, die dich lieben, und vor allem für dich", erklärt sie.

Ich bin irritiert. Das ist nicht das, was ich hören wollte. Heute ist eigentlich so ein Tag, an dem ich von meiner Freundin gerne bemitleidet werden würde.

Aber Maries Standpauke geht weiter: „Es gibt Tage, da bist du das blühende Leben und tanzt auf den Tischen. Dann gibt es die Tage wie heute. Das ist ganz normal. Trennungen verlaufen in Wellen. Weißt du, das Gute ist, deine Abstände werden größer. Ich komme jetzt vorbei, dann gehen wir spazieren und ich verspreche dir, danach sieht die Welt schon wieder ganz anders aus. **Denn ohne Regen kein Regenbogen.**"

Tränen laufen mir über die Wangen. Wie recht sie hat. Ich lächle und bin dankbar. Dankbar für diese Freundschaft. Für ihre ehrlichen Worte.

Es muss nicht der plakative Sunday Blues, gepaart mit einem ausgeprägten Kater, sein. Solche Tage kann es auch an einem Montag, Dienstag oder jedem anderen Wochentag geben. Ganz ohne den Konsum von Alkohol. Psychotherapeut und Paarberater Hans Jellouschek erklärt gegenüber dem *Spiegel,* wie wichtig es ist, diese Tage zuzulassen: „Wenn man den Trauerprozess und das Bedauern darüber, dass ein wichtiger Mensch nicht mehr im eigenen Leben ist, nicht zulässt, verhindert man die Loslösung. Gefühle sind ein wesentlicher Teil des Loslassens. Man sollte ehrlich zu sich sein und den Verlust eingestehen."[68]

Um glücklich zu werden, müssen wir um Menschen, die uns geprägt haben, trauern. Um Menschen, mit denen wir uns

ein „für immer" hätten vorstellen können, erst recht. Wie sollen wir sie sonst jemals loslassen? Oder gar vergessen?

Wie gut, dass mich meine Freundin Marie stets daran erinnert. Die Trennungen in unserem Leben verlaufen in Phasen, die wir schrittweise verarbeiten. Jeder hat zwar seine ganz eigene, persönliche Art, mit einer Trennung umzugehen, aber am Ende finden wir uns oftmals im Fünf-Phasen-Modell der Ärztin Elisabeth Kübler-Ross aus dem Jahr 1969 wieder.[69]

Das „Nicht-wahrhaben-Wollen" bildet den Einstieg in das Modell. Wir können nicht glauben, dass es wirklich vorbei ist, und reden uns immer wieder ein, dass das nicht die Wahrheit ist. Dicht darauf folgt die Wut. Bedeutet: Wir spüren den Schmerz, sind verletzt und lassen es oft am Expartner aus.

Danach kommt die Stufe des Verhandelns. Wir haben die Hoffnung, die Beziehung doch noch irgendwie retten zu können. In Phase vier folgt die Depression oder in meinem Fall der aus einer Partynacht resultierende Sunday Blues. In dieser Phase spüren wir Antriebslosigkeit, haben Schlaf- oder Essprobleme. Wir spüren tiefe Trauer. Glauben, niemals wieder richtig glücklich werden zu können.

Nach etlichen Wellen des Auf und Ab folgt in Phase fünf endlich die Akzeptanz. Wir schließen unseren Frieden und akzeptieren, was ist. Stückweise können wir endlich wieder glücklich werden.[70] Ich selbst habe alle diese Phasen durchlebt. Die Wut. Die Trauer. Die Erleichterung. Und zu guter Letzt das Glück.

Heute bin ich mir sicher, wir selbst haben die Möglichkeit, die schmerzhaften Phasen unseres Lebens als Chance zu erkennen und an ihnen zu wachsen. Denn in jedem Ende wohnt auch immer ein Anfang, oder wie meine Freundin Marie sagt: ohne Regen kein Regenbogen.

Das ist deine ganz eigene Erklärung der Dankbarkeit.

Wofür bist du heute dankbar?

_____

_____

_____

_____

_____

_____

Wofür bist du generell dankbar?

_____

_____

_____

_____

_____

_____

War es überhaupt Liebe?

„Durch das Feuer des Wortes kann man spüren des Herzens Flammenglut."

Günther Uecker

Wenn die Akzeptanz der Trennung erst einmal erfolgt ist, gilt es, auf dem Weg ins Glück mit dem Verlust fertigzuwerden. Langfristig. Vielmehr die Erinnerung und das damit verbundene „Was wäre gewesen, wenn ..." zu ertragen.

Für mich war die erste Trennung meines Lebens die schlimmste. Mit Abstand. Schlimmer als alles, was ich zuvor erlebte.

Wahrscheinlich, weil der erste Liebeskummer immer mit einer gewissen Tragik verbunden ist. Für uns alle. Vielleicht aber auch, weil ich als Teenagerin fest davon überzeugt war, dass die erste Liebe für immer bleibt. Für immer halten muss. Wenn schon nicht die Beziehung, dann doch zumindest die gegenseitige Zuneigung. Für mich war es völlig logisch, dass man auch nach dem Ende für immer füreinander da ist. Selbst wenn die Liebe längst erloschen sein mag.

Genährt wurde meine Vorstellung von der Weisheit: Wenn man eine Person wirklich geliebt hat, bleibt ein Stück des Herzens bei dieser Person zurück. Auch heute würde ich meinem romantisch veranlagten Ich noch immer zustimmen. Die

Jugendliebe ist etwas sehr Besonderes. Wird es auf ewig bleiben. Für jede von uns.

Mit dieser Ansicht bin ich nicht alleine. „Die erste Liebe hat viel mit Verzauberung zu tun", erklärt Wolfgang Hantel-Quitmann in seinem Buch *Der Geheimplan der Liebe*.[71] Laut dem Professor für Klinische und Familienpsychologie kann die erste Liebe so prägend sein, dass wir immer wieder danach suchen. Für immer. Dadurch wird sie leicht zu einem Phantom aller späteren Partnerschaften. Das mag der Grund sein, warum 47 Prozent der Deutschen ihre erste Liebe nicht aus dem Kopf geht.[72]

Auch mir spukte meine erste Liebe noch lange im Kopf herum. Zu lange. Denn die Vorstellung von ihm, von uns, stand meinem Glück vehement im Weg. Heute würde ich meinem jüngeren Ich einen Rat mit auf den Weg geben wollen: Verliebe dich. Leidenschaftlich. Alles zerreißend. Nimm dein Herz in beide Hände. Geh volles Risiko. Der legitime Preis ist ein Stück deines Herzens.

Aber bereite dich darauf vor, dass sich deine erste Liebe nicht noch Jahre später nach dir verzehren wird und ihr keine Freunde sein werdet. Vielleicht grüßt er dich nicht einmal mehr, wenn ihr euch begegnet, reagiert nicht auf deine WhatsApp-Nachrichten. Von Rückrufen ganz zu schweigen.

Beim Schreiben dieser Zeilen erkenne ich meinen eigenen Zynismus. Vielleicht hat mich meine Jugendliebe zynisch werden lassen. Das ist wahrscheinlich auch der Grund, warum ich versuchte, unsere Geschichte umzuschreiben. Ihn kontaktierte, in der Hoffnung, dass wir dieses Mal ein denkwürdiges Telefonat führen würden. Zu oft. Zu häufig.

Das konnte es doch nicht gewesen sein. Wie konnte ich ihm nach allem, was geschehen war, nur so dermaßen egal sein? Das erste Händchenhalten, der erste Kuss, das erste „Ich liebe dich". Ein Versprechen. Wir waren doch nicht nichts.

Stundenlang sinnierte ich mit meinen Freundinnen über sein Verhalten bzw. seine vehemente Ignoranz meiner Person gegenüber, hörte Lieder rauf und runter, die meine Gefühle ausdrückten. Jahre später schrieb die Sängerin Lotte den perfekten Song über meine erste Liebe, *Zu jung*. In dieser Ballade drückt sie so wunderbar aus, was ich jahrelang empfunden hab:

„Ich war noch nicht angekommen. Wollte so viel erleben.
Ich wünschte, wir könnten uns heute nochmal begegnen.
Ich habe dich nicht kommen sehen und dann warst du da.
Und was ich vom Leben wollte, sah ich nicht mehr klar.
Ich nahm meine Träume, habe sie zu dir hingedreht
Und viel zu spät gemerkt, dass mir komplett die Richtung fehlt.
Mit dem nächsten Zug bin ich einfach gegangen.

Verdammt, ich war einfach zu jung,
Hatte Angst, dass ich irgendetwas verpass.
Doch ich drehe mich heute noch um
Und frage mich, was du gerade machst.
Vielleicht war es einfach zu früh.
Sonst hat doch alles gepasst."

Ich hätte Lottes Songtext unterschrieben. Auch noch lange nach dem Scheitern meiner ersten Liebe, betäubt von der Illusion der ersten Liebe. Heute wünsche ich mir nicht mehr, dass wir uns noch einmal begegnen. Wir hatten unsere Zeit. Haben uns gegenseitig zu viel angetan. Es war gut, dass wir scheiterten.

Vor allem scheiterten wir, weil wir überhaupt nicht wussten, was wahre Liebe ist. Obwohl wir uns unfassbar erwachsen fühlten, waren wir nur zwei Kinder, die Liebe spielten. Rückblickend waren wir verliebt in das Gefühl, verliebt zu sein. Nicht ineinander.

Das wurde mir leider erst Jahre später klar, als meine Mutter mich bei einem unserer weinseligen Abende fragte: „Glaubst du, er hat dich je wirklich geliebt?" Meine Antwort erforderte ein schmerzvolles Eingeständnis: „Nein. Ich glaube, wir haben uns beide nicht geliebt. Wir waren bloß in die Vorstellung von uns verliebt. In die Vorstellung der allmächtigen Jugendliebe, die für immer anhält. Die Illusion, dass wir besonders sind. Besser als die anderen."

Meine Mutter schwieg lange, bis sie sagte: „Das mag sein. Selbst ich habe es geliebt, deine erste Liebe mitanzusehen. Aber war es wirklich Liebe? Nein, wahrscheinlich nicht. Ihr wart aber auch beide einfach noch sehr jung und unbedarft."

Sie hat recht: Es war keine Liebe. Vielleicht war es eine Vorstellung davon. Meine Vorstellung davon, wie die erste Liebe zu sein hat. Mehr aber auch nicht. Tatsächlich lag mir nach unserer Trennung nichts an ihm selbst.

Das habe ich aber erst Jahre später verstanden. Leider. Der Grund meiner jahrelangen Kontaktversuche war ein anderer. Seine Missachtung meiner Person schwächte mein Ego.

Letztendlich war es die Antwort auf die Frage „Warum", die ich die ganze Zeit gesucht habe. Ist das wirklich alles, was von der Jugendliebe übrig bleibt – nicht mal ein Hallo?

Wenn er mich ignoriert, was bin ich dann schon wert? War ich in unserer Zeit nicht besonders genug, dass er mich jetzt vermisst? Nicht schön genug? Wie kann es so einfach sein, über mich hinwegzukommen? Bin ich etwa ein Mädchen, das man sofort wieder vergisst? Bin ich ein Niemand?

Es dauerte lange, bis ich merkte, dass ich von seiner Aufmerksamkeit meinen eigenen Selbstwert abhängig machte. Das Gefühl, ihm egal zu sein, fraß mich innerlich auf. Und ich verlor mich in der Erinnerung.

Nein, in einer geschönten Version davon. Ich verband uns mit der romantischen Version von Bonnie und Clyde. Skizzierte in meinem Kopf eine Jugendliebe, die so besonders war, dass sie alles Spätere auf ewig überstrahlen musste. Weil, wenn dem nicht so war, hatte ich dann überhaupt eine erste Liebe gehabt? Wie ich sie von den Serien *Gossip Girl* und *O.C., California* kannte?

Wenn ich heute an uns denke, erinnere ich mich an zwei verlorene Kinder, die sich die Treue versprachen, obwohl es für sie nur ein großes Wort war. Die „Ich liebe dich" sagten und „Ich liebe mich mehr" meinten.

Ich denke daran zurück, wie er mich betrog. Mehrfach. Und ich ihn. Rückblickend haben wir uns beide nichts geschenkt. Wir hatten unseren moralischen Kompass ebenso verloren wie unser Herz. Das zerstörte uns. Wir zerstörten uns. Kaum merklich, aber stetig. Denn wenn du deinen Partner hintergehst, betrügst du dich letztlich nur selbst.

Zu sehen, wie meine tiefsten Überzeugungen von Liebe dahinbröckelten, war für mich übrigens schmerzvoller als die Trennung an sich. Es wäre für mich einfacher gewesen, die Illusion des Besonderen aufrechtzuerhalten. Ohne seinen Kontaktabbruch hätte ich mir weiter einreden können, dass er mich geliebt hat. Dass uns etwas Einzigartiges verband. Ja, vielleicht, dass ich die sagenumwobene große Jugendliebe erlebt habe.

Obwohl, nein, das wäre nicht heilsamer gewesen, hätte ich doch zeit meines Lebens geglaubt, dass es die Dramen braucht. Nicht die Konstanz. Ich hätte immer gedacht, dass es die Stürme braucht, um glücklich zu sein.

Die Dramen des Lebens, die mit Tragik gefüllt sind. Wahrscheinlich hätte ich nie hinterfragt, ob wir nicht schlussendlich selbst für diese Dramen des Egoismus wegen verantwortlich sind. Ist der Egoismus doch eine der schlimmsten Eigenschaften, die uns Menschen vereint und alles, aber nicht glücklich macht.

Wenn wir nur für uns leben, fehlt das Wofür. Wir sollten unser Leben etwas Größerem als uns selbst widmen.

Heute bin ich mit einem Mann zusammen, der mich gelehrt hat, was echte Liebe ist. Wie wahre Liebe funktioniert. **Dass wahre Liebe nicht erkämpft werden muss, sondern da ist. Einfach so. Dass die wahre Liebe dich nicht verletzt, sondern besser werden lässt. Dich an die Hand nimmt und beim Abenteuer Leben unterstützt. Bedingungslos.** Das Motto meiner Lebensliebe: „Nur wer glücklich ist, kann lieben." Und zu lieben bedeutet, seine eigenen Launen, Wünsche und Träume ab und an für den anderen hintanzustellen. Für den anderen stets das Beste zu wollen. Sich dem entgegengebrachten Vertrauen, das jede Liebesbeziehung beinhaltet, als würdig zu erweisen, gibt es doch nichts Wertvolleres, was der andere zu verschenken hat. Und Vertrauen bedeutet Verantwortung. Wir sollten alles geben, um dieser Verantwortung gerecht zu werden.

Das Thema Verantwortung wird in Serien wie *Gossip Girl* oder *O.C., California* übrigens stets ausgelassen. Stattdessen wird uns vermittelt, dass das wahre Glück durch Szenen, Kämpfe und Tragik entsteht. Doch das ist schlicht falsch. Die wahre Liebe entsteht, wenn man sich dann und wann zurücknimmt und einem die Gefühle des anderen wichtig sind.

Eines ist sicher: Wir alle sollten niemandem nachhängen, dem wir egal sind! Für den wir nie mehr als eine Option waren. Und schon gar nicht unseren Selbstwert von dieser Person abhängig machen.

Es war der ganz große Fehler meiner Teenagerjahre, dass ich meinem Exfreund Macht über mich gab, im Glauben, dass er wichtiger wäre als meine Liebe zu mir selbst. Jemand anderem die Verantwortung für die eigene Akzeptanz aufzubürden, ist schlicht falsch. Und pure Zeitverschwendung.

Ich bin froh, heute nicht mehr das 19-jährige Mädchen zu sein, das unbedingt seiner Jugendliebe gefallen will. Das seinem ersten Freund zeigen muss, wie toll es doch ist. Wie besonders.

Das Leben hat mich verändert und stärker werden lassen. Heute ist es mir völlig egal, ob er Notiz von mir nimmt. Ich brauche kein Hallo von ihm, um mein Selbstwertgefühl zu kennen. Ich bin mir selbst genug. Und das ist ein verdammt großartiges Gefühl.

Dieser Kasten ist für diejenigen von euch, die mit ihrer ersten Liebe hadern:

Was verbindest du heute noch mit ihm?

_____

_____

_____

_____

_____

_____

Warum hängst du noch an ihm?

_____

_____

_____

_____

Ist er es wert oder blockiert er bloß dein Glück?

_____

_____

_____

_____

_____

_____

Der Mann, der mein Leben veränderte

„Auf Wiedersehen ist nicht für immer. Auf Wiedersehen ist nicht das Ende. Es bedeutet einfach nur, dass ich dich vermissen werde, bis wir uns wiedersehen."

Sprichwort

Ein einziger Mensch kann dein Leben verändern. Das klingt wie eine Plattitüde? Mir ist es passiert. Es beginnt mit einem Dreh. Marc und ich lernen uns bei der Kostümprobe kennen. Die erste Umarmung ist sofort magisch. Wir schauen uns an, spüren die Verbindung. In der Serie werden wir ein Liebespaar spielen. Um uns auf die Rollen vorzubereiten und um uns kennenzulernen, verabreden wir uns nach der Warm-up-Party.

Auf der Party treffen sich unsere Blicke, immer und immer wieder. Zurück im Hotel ziehe ich mich um. In Leggings, mit einem Dutt auf dem Kopf und meinem Drehbuch unterm Arm mache ich mich auf in Richtung Lobby. Auf einem großen dunkelgrünen Samtsofa mache ich es mir gemütlich und warte auf Marc.

Er setzt sich und grinst mich an. „Lust auf 'ne Pizza?" Jeder, der mich kennt, weiß, wie überflüssig die Frage ist. Pizza ist mein Evergreen. Ich kann sie immer essen. Wir bestellen. Marc: „Ich hätte gerne Sardellen und Peperoni."

Ist das gerade ein schlechter Scherz? Ist hier irgendwo eine versteckte Kamera? Ich lache ungläubig. In meinem ganzen Leben habe ich noch nie jemanden getroffen, der gerne Sardellen auf der Pizza isst. Außer mir. Meine Freundinnen ziehen mich für meine Lieblingspizza immer nur auf.

„Ich hätte gerne das gleiche, danke schön", sage ich verlegen. Marc beginnt zu erzählen. Es ist, als würde ich mit einem langjährigen Freund zusammensitzen. Ich habe das noch nie zuvor erlebt. Wir sprechen, als würden wir uns schon ewig kennen. Dabei sind erste Begegnungen doch meist mit einem Gefühl von Anspannung verbunden. Er erzählt mir von seiner Zeit in Amerika.

Dann schlägt er vor, den derzeit in den Medien omnipräsenten Test der New York Times „The 36 Questions That Lead to Love" auszuprobieren. Davon habe ich noch nie gehört, klingt aber spannend. Ich lasse mich drauf ein. Natürlich ganz im Sinne unserer Rollen, damit wir uns besser kennenlernen. Das dachte ich zu diesem Zeitpunkt zumindest.

Frage eins: Given the choice of anyone in the world, whom would you want as a dinner guest? (Wenn du unter allen Menschen der Welt wählen könntest, wen würdest du gerne zum Essen einladen?)

„Die amerikanische Talkmasterin Oprah Winfrey oder den früh verstorbenen Präsidenten der Vereinigten Staaten von Amerika, John F. Kennedy", ist meine Antwort.

„John F. Kennedy?", fragt er ungläubig und lacht. Das ist auch seine Antwort. Wir grinsen uns an.

Frage zwei: Would you like to be famous? In what way? (Würdest du gerne berühmt sein? In welchem Bereich?)

Beide schütteln wir sofort den Kopf. Wir lieben zwar die Schauspielerei, machen es aber nicht der Bekanntheit wegen, die uns zuweilen eher gruselt. Bei mir ist es vor allem meinen Erfahrungen als Jungschauspielerin geschuldet, die nicht immer ganz leicht waren.

Wir machen weiter und unsere Gemeinsamkeiten kommen immer mehr zum Vorschein. Von Fragen, wie unser perfekter Tag aussieht, was uns in einer Freundschaft am wichtigsten ist, bis zu Wertvorstellungen. Nach Frage 16 legen wir eine Pause ein. Es ist halb zwei Uhr nachts. Die Zeit verging wie im Flug. Wir gehen auf unsere Zimmer. Ich schminke mich ab, lege mich ins Bett und denke: Was für ein Abend! Was für ein Mann!

Es klopft und Marc steht vor der Tür. Mein Herz fängt stärker an zu schlagen, ich habe die berüchtigten Schmetterlinge im Bauch.

„Danke für den schönen Abend. Es war sehr besonders und ehrlich. Das wollte ich dir einfach noch mal persönlich sagen."

Okay, wow. Ich bin sprachlos. Wir umarmen uns. Zum Abschied sagt er: „Kennst du den Song *Crazy* von Patsy Cline? Hör ihn dir an. Er wird dir gefallen."

Marc verschwindet und ich verbringe meinen Abend mit der Musik von Patsy Cline. Bis heute liebe ich die Musik, und immer wenn sie in meinen Ohren erklingt, muss ich an Marc denken. Völlig durcheinander und mit einem über den Rand gefüllten Speicher an Glücksgefühlen schlafe ich selig ein.

In den nächsten Tagen nutzen wir die Drehpausen, um uns immer wieder eine der 36 Fragen zu stellen. Wir teilen mit *Don't Stop Believin'* von Journey übrigens auch den gleichen Lieblingssong.

Die Fragen werden immer persönlicher und detaillierter. Selbst Frage 17: „What is your most treasured memory?" (Was ist deine liebste Erinnerung?) und Frage 18: „What is your most terrible memory?" (Was ist deine schrecklichste Erinnerung?) erzählen wir uns in einer ruhigen Minute sofort. Fast alle Antworten sind deckungsgleich. Marc nimmt meine Hand und schaut mir tief in die Augen. Ein Gefühl, das mir vorher nicht bekannt war, erfasst mich. Wahrscheinlich nennt man es Verzauberung. Ganz sicher sogar.

Dann sagt er: „Du hast sehr viele tolle Werte und einen wunderschönen, ganz besonderen Charakter."

Was?, denke ich mir. Charakter? Nicht das Klassische: wunderschöne Augen, Haare, Figur? Ich muss ihn missverstanden haben und schaue irritiert.

„Doch, wirklich", legt er nach. „Selten habe ich einen Menschen wie dich kennengelernt. Ich habe dich zunächst, als du ans Set kamst, ganz anders, nämlich falsch eingeschätzt."

Unbeholfen bedanke ich mich und werde rot. Das muss ich erst mal verarbeiten. Noch nie zuvor habe ich solch ein Kompliment bekommen.

Es sind Wochen, die mein Leben langfristig verändern. Irgendwie traurig, aber mir war bis dahin nicht bewusst, dass man von einem Mann auch primär wegen seines Charakters geschätzt werden kann. Schlimm, dass ich für diese Erkenntnis 23 Jahre alt werden musste. Es ist eine Lehre fürs Leben.

Unser Aussehen ist sekundär und vergänglich. Es ist viel wichtiger, die Menschen im Herzen zu berühren. Denn sie werden sich nicht daran erinnern, wie du aussahst, sondern wie du sie hast fühlen lassen.

Ich werde Marc immer im Herzen behalten, weil er mir ein ganz besonderes Gefühl gegeben hat. Er hat mein Selbstverständnis maßgeblich gestärkt. Ich liebe es nach wie vor, mich schön anzuziehen oder mich zu schminken, aber ich habe verstanden, dass diese Form der Oberflächlichkeit nicht so wichtig ist.

Obwohl Marc und ich uns nach diesem Dreh bis heute nicht mehr gesehen haben, verdanke ich ihm viel. Er hat mir zu meinem persönlichen Aha-Moment verholfen.

Den Fragebogen der *New York Times* habe ich übrigens nie wieder beantwortet, obwohl er eine wunderbare Möglichkeit ist, einen Menschen auf eine ganz besondere Weise kennenzulernen.

Vielleicht, weil der Moment zwischen Marc und mir zu magisch war, um ihn jemals mit jemand anderem zu wiederholen.

Bei mir und Marc endete der Fragebogen nicht in einer Liebesbeziehung. Manchmal sind die Umstände einfach unpassend. Aber am Ende unseres Lebens zählen einzig und allein unsere Erinnerungen, und die an Marc trage ich tief in meinem Herzen. Dir jedoch, meiner Leserin, möchte ich raten, den Fragebogen mit einem Fremden zu machen.

Deswegen gibt es dieses Mal anstelle eines Kastens die 36 Fragen der Liebe.[73] **Wichtig für den Erfolg des Spiels: Du darfst mit deinem Gegenüber keinen engen Kontakt pflegen und ihr müsst jede einzelne Frage ehrlich beantworten. Auch wenn sie private Details beinhalten.**

1. Wenn du unter allen Menschen der Welt wählen könntest, wen würdest du gerne zum Essen einladen?
2. Würdest du gerne berühmt sein? In welchem Bereich?
3. Legst du dir jemals die Worte zurecht, bevor du jemanden anrufst? Warum?
4. Was macht für dich einen „perfekten" Tag aus?
5. Wann hast du zum letzten Mal für dich selbst gesungen? Und wann für jemand anderen?
6. Wenn du 90 Jahre alt werden könntest, was würdest du für die letzten 60 Jahre lieber haben: den Körper oder den Geist eines 30-Jährigen?
7. Hast du insgeheim eine Vermutung, wie du sterben wirst?
8. Nenne drei Dinge, von denen du glaubst, dass sie dein Gegenüber und du gemeinsam haben.
9. Wofür bist du in deinem Leben am meisten dankbar?
10. Wenn du irgendetwas daran ändern könntest, wie du erzogen wurdest, was wäre das?
11. Erzähle deinem Gegenüber deine Lebensgeschichte in vier Minuten, aber mit möglichst vielen Details.

12. Wenn du morgen mit einer zusätzlichen Eigenschaft oder Fähigkeit aufwachen könntest, welche wäre das?

13. Wenn dir eine Zauberkugel die Wahrheit über dich, dein Leben, die Zukunft oder irgendetwas anderes offenbaren könnte, was würdest du wissen wollen?

14. Gibt es etwas, von dem du schon lange träumst, es zu tun? Warum hast du es noch nicht getan?

15. Was war bisher der größte Erfolg in deinem Leben?

16. Was ist dir bei einer Freundschaft am wichtigsten?

17. Was ist deine liebste Erinnerung?

18. Was ist deine schrecklichste Erinnerung?

19. Wenn du wüsstest, dass du in einem Jahr sterben wirst, würdest du irgendetwas an deinem jetzigen Leben ändern? Warum?

20. Was bedeutet Freundschaft für dich?

21. Welche Rolle spielen Liebe und Zuneigung in deinem Leben?

22. Nennt abwechselnd eine positive Charaktereigenschaft, von der ihr glaubt, dass sie euer Gegenüber besitzt. Macht dies fünfmal.

23. Wie eng und herzlich sind die Beziehungen in deiner Familie? Denkst du, dass deine Kindheit glücklicher war als die anderer Menschen?

24. Wie beurteilst du die Beziehung zu deiner Mutter?

25. Denkt euch drei wahre „Wir"-Aussagen aus. Zum Beispiel: „Wir sind beide in diesem Raum und fühlen uns ..."

26. Vervollständige diesen Satz: „Ich wünschte, ich hätte jemanden, dem ich erzählen könnte ..."

27. Wenn du mit deinem Gegenüber eine enge Freundschaft schließen würdest, was müsste er oder sie dann unbedingt von dir wissen?

28. Sage deinem Gegenüber, was du an ihm oder ihr magst; sei dabei ehrlich und sage Dinge, die du normalerweise einer Person, die du gerade erst kennengelernt hast, nicht sagen würdest.

29. Teile mit deinem Gegenüber einen peinlichen Moment in deinem Leben.

30. Wann hast du zum letzten Mal in Gegenwart einer anderen Person geweint? Und wann für dich alleine?

31. Nenne eine Sache, die du bereits jetzt an deinem Gegenüber magst.

32. Worüber macht man keine Witze, sofern es so etwas gibt?

33. Wenn du heute Abend sterben würdest, ohne die Möglichkeit, mit jemandem zu sprechen, was würdest du bereuen, jemandem nicht gesagt zu haben? Warum hast du es noch nicht gesagt?

34. Dein Haus mit all deinem Besitz fängt an zu brennen. Nachdem du deine Liebsten und deine Haustiere gerettet hast, kannst du ein letztes Mal ins Feuer laufen und einen Gegenstand retten. Welcher wäre das? Warum?

35. Der Tod welches Familienmitglieds würde dich am meisten mitnehmen? Warum?

36. Berichte von einem persönlichen Problem und frage dein Gegenüber nach Rat, wie er oder sie die Sache handhaben würde. Bitte dein Gegenüber außerdem zu beurteilen, wie du selbst vermutlich über das ausgewählte Problem denkst.

Warum YOLO als Lebensmotto nicht glücklich macht

„Halten Sie sich fern von denjenigen, die versuchen, Ihren Ehrgeiz herabzusetzen. Kleingeister tun das immer, aber die wirklich großen geben Ihnen das Gefühl, dass auch Sie selbst groß werden können."

Mark Twain

Neben der Freundschaft und der Liebe gibt es einen dritten wichtigen Faktor, der essenziell für unser Glück ist: Erfolg.
Er zeigt uns, was wir uns für unser Leben erhoffen, wonach wir uns sehnen, wovon wir träumen. Für jeden bedeutet Erfolg etwas anderes, für mich zum Beispiel berufliche Leistung. Wahrscheinlich, weil sich mein Vater mit 45 Jahren selbstständig machte. Damals war ich zwölf Jahre alt.

Anfangs fertigte er seine Teile in einer winzigen Halle, an einer einzigen Drehbank. Wenn ich mir heute seinen Maschinenpark anschaue, bin ich von Stolz erfüllt. Als Jugendliche bin ich oft hergekommen, mit meiner besten Freundin im Schlepptau. Umgeben von seinen Maschinen aßen wir zu Mittag, Hühnersuppe im Topf.

Seine Firma ist für mich die Erinnerung daran, dass alles möglich ist. Es ist mein Zuhause, hier sind meine Wurzeln. Vielleicht noch stärker als in meinem Elternhaus.

Seinen beruflichen Aufstieg zu beobachten hat mich stark geprägt. Von klein auf bekam ich mit, wie viel Ehrgeiz und Disziplin nötig ist, um erfolgreich zu sein. Auch lehrte mein Vater mich, groß zu denken, zu träumen. Und vor allem, welch essenzieller Faktor der Fleiß ist.

Als die Anfrage der Non-Profit-Organisation Startup Teens reinflatterte, an einem Panel über Unternehmergeist teilzunehmen, freute ich mich entsprechend. Das Ziel des Events war, Jugendliche für unternehmerisches Denken zu begeistern.

So sitze ich jetzt auf einem schwarzen Hocker im Fußballmuseum in Dortmund und diskutiere mit den Teilnehmenden über Existenzgründung und Erfolg. Im Saal sitzen mehrere Dutzend Schülerinnen und Schüler und verfolgen unsere Debatte.

Zwei Plätze von mir entfernt sitzt Cecil von Croÿ, Gründer des Berliner Start-ups PlusPeter, jetzt Charly Education, und Typ Macher. Böse Zungen würden auch sagen: Poser. Unstrittig ist, dass er sehr von sich eingenommen ist. Was er auch sein kann. Rund sechs Millionen Euro hat er seit dem Start im Jahr 2016 für seinen kostenlosen Druckservice für Studierende eingesammelt. Klug und bedacht spricht er über die Herausforderungen als Gründer. Seine Antworten imponieren mir.

Zum Ende hin müssen wir alle dieselbe Frage beantworten: „Was würdest du deinem 18-jährigen Ich raten?" Ich muss nicht lange überlegen.

Mein Ratschlag: „Stress dich mehr!"

Doch bevor ich ausholen kann, greift von Croÿ zum Mikro, wirft mir einen belächelnden Blick à la naives kleines Mädchen zu und plädiert dafür, dass man seine Jugend ruhig ausleben solle. YOLO und so. Er erntet tosenden Applaus.

Ich frage mich schon seit Längerem: Warum feiern die Jugendlichen das Motto „You only live once" so sehr? Ich gestehe, ich bin kein Fan von diesem YOLO-Gehabe und Sprüchen wie: „Deine Zwanziger sind deine egoistischen Jahre. Es ist dein Jahrzehnt, um alles auszuprobieren. Sei selbstsüchtig mit deiner Zeit. Bastele mit Scheiße, erforsche, reise, liebe viel, liebe wenig und berühre niemals den Boden." Lediglich zugegeben, im Englischen klingt es besser.

Warum fehlen immer die Worte Arbeit, Fleiß und Karriere? Sollen die Zwanziger reine Partyjahre sein? Ist das wirklich wünschenswert? Warum überflutet die Generation Z die sozialen Medien mit solchen Weisheiten? Glauben sie wirklich, dass Spaß, Party und Reisen allein glücklich und das Leben wertvoll machen?

Vielleicht ist es normal, das zu glauben. Auch ich war mal ein echtes Wild Child. Glücklicherweise nicht mehr mit Anfang, Mitte 20, sondern in dem Alter von 16 bis 20. Was habe ich mich damals stark, erwachsen und in das Leben verliebt gefühlt. Im Nachhinein wusste ich damals zum ersten Mal nicht, wohin ich gehörte, wie mein Leben weitergehen sollte und welches Ziel es zu verfolgen galt.

Ich geriet aus der Spur, flüchtete mich in ausschweifende Partynächte, qualmte ohne Ende und schwänzte die Schule. Wenn ich mal dort war, stolzierte ich im Partykleid über den Schulhof und saß mit High Heels im Biologieunterricht, zu müde, um etwas aufzunehmen. Nach außen hin war ich das coole, rebellische Mädchen, doch im Inneren zutiefst verunsichert und unglücklich.

Heute würde ich mein 18-Jähriges Ich gerne in den Arm nehmen, ihr den viel zu roten Lippenstift aus dem Gesicht wischen, die High Heels von den Füßen abstreifen, Turnschuhe anziehen, sie in ein langärmeliges, buntgemustertes Kleid hüllen und ihre Haare zu einem Zopf nach hinten binden.

Vor allem würde ich sie abends pünktlich ins Bett schicken, mit dem Hinweis, dass der Mathelehrer Spannenderes zu berichten hat als die Bekannten in der Diskothek. Und dass ihr die fehlenden mathematischen Kenntnisse in der Universität noch peinlich sein werden.

Vielleicht sage ich das jetzt, weil ich es erlebt habe, weil diese bescheuerten Jahre die meinen waren. Vielleicht aber auch, weil ich sehe, was es bringt, früh anzufangen.

Mein Kumpel Noah ist dafür ein wahnsinnig gutes Beispiel. Er ist gerade 22 geworden, hat fünf Jahre für das *Handelsblatt* gearbeitet, ist heute für RTL tätig, hält Vorträge über soziale Medien und berichtete 2015 teils live aus Washington über die US-Wahl. Da war er gerade einmal 17 Jahre alt.

Ein anderer Freund von mir schrieb während einer Klassenfahrt mit 16 Jahren eine E-Mail an den Chef einer großen deutschen Zeitung. Der antwortete ihm nicht nur, sondern traf sich mit ihm zum Kaffee. Heute arbeitet mein Bekannter fest für die Zeitung. Aus seinem Jugendtraum ist Realität geworden, weil er in sehr jungen Jahren Eigeninitiative gezeigt hat, anstatt ausschließlich seinem Privatleben zu frönen. Damit hebt er sich von fast allen Jungen und Mädchen seiner Generation ab.

Karrierecoach Henryk Lüderitz sieht das ähnlich: „Je früher jemand erkennt, was er will, umso besser. Junge Menschen haben eine andere Selbstverständlichkeit, mit der sie Dinge betrachten. Das braucht unsere Welt. Es gibt genügend destruktive Meckerer."[74]

Die Lehre daraus: Es gibt kaum ein Alter, in dem es dämlicher ist, sich nur aufs Feiern und Chillen zu konzentrieren als in der Jugend.

Niemals mehr empfängt dich jeder so sehr mit offenen Armen. Wer will schon einer Teenagerin ihren Traum zerstören, nur weil sie „erst 16" ist? Und welche Chefin würde einem begeisterten Schüler nicht die Chance auf einen Probetag geben, nur weil er noch Zahnspange trägt? Ich bin mir sicher, Glück entsteht durch Tun. Durch Erfolge.

Davon ist auch Talkmasterin Anne Will überzeugt: „Man muss aufpassen, dass man sich nicht überfordert und zu viel macht. **Ich finde aber, man darf auch aufpassen, dass man nicht zu wenig macht.** Wenn du dich in einem Beruf durchsetzen willst und dir da echt was erobern willst, darf man sich auch mal echt reinschmeißen. Besonders, wenn man jung ist ... Ich habe immer viel gearbeitet. Das darf bei einem jungen Menschen echt sein, dass der richtig reinhaut."[75]

Der Generation-Z-Slogan sollte also nicht etwa YOLO heißen, sondern vielmehr BETINO: „Best time is now!" Oder mit anderen Worten: Feier lieber eine Nacht weniger und mach dir Gedanken um deine Zukunft! Leg los!

Glück entsteht durch Anstrengung

„Zufriedenheit und Glück sind nichts, was fertig gelie-fert wird. Sie entstehen durch dein eigenes Handeln."

Dalai Lama

Wie kannst du dein persönliches Potenzial optimal entfalten? Wann hast du das letzte Mal genügend Wertschätzung erfahren? Das Gefühl gehabt, wachsen zu können? Gesehen zu werden? Worauf ich hinauswill: Manchmal liegt Stagnation in deinem Leben nicht an dir selbst, sondern an deinem Umfeld.

Es gibt dafür einen schönen englischen Spruch: „When a flower does not bloom, you fix the environment in which it grows, not the flower."

Wenn du also ein Leben führen möchtest, in dem du mög-lichst viele deiner Träume verwirklichen kannst, gilt es, die passende Umgebung für dich zu finden.

Insbesondere am Anfang deiner beruflichen Laufbahn wirst du Mentorinnen und Mentoren benötigen. Menschen, die an dich glauben und dir die Chance ermöglichen zu glänzen. Denn es ist herrlich, wenn du klug und talentiert bist. Aber es bringt dir überhaupt nichts, wenn es niemanden gibt, der oder die das sieht. Schlimmer noch, wenn deine Ambitionen ausgebremst werden. Sollte dem so sein, heißt es: weiterziehen!

Ich selbst habe bislang bei jedem Job innerlich immer genau gewusst, wann es Zeit war weiterzuziehen, nämlich dann, wenn meine Möglichkeit zu wachsen ausgeschöpft war.

Das erfordert Mut. Insbesondere, wenn man für den Jobwechsel die Stadt wechseln muss und fern von seiner Familie, seinem Partner, seinen Freunden neu anfängt. Ich hatte jedes Mal Angst vor dem Weiterziehen. Angst, die Nähe zu meinen Herzensmenschen zu verlieren. Angst vor dem Alleinsein. Wahrscheinlich musste ich deswegen erst 24 Jahre alt werden, um den Schritt ins Ungewisse zu wagen. Habe ich zuvor doch nicht mal ein Praktikum außerhalb von Düsseldorf absolvieren mögen.

Angst ist immer ein schlechter Ratgeber. Sie lähmt dich, und wenn sie dich erst einmal gefangen hat, hält sie dich davon ab, zu wachsen. Angst ist ein echter Bremser des Glücks.

Ich weiß noch, wie ich bei meinem ersten Ortswechsel mit meiner großen Liebe in einem Restaurant saß, das vor mir stehende Sushi nicht anrührte und stattdessen nur weinte. Am nächsten Morgen, meinem ersten Tag im neuen Job, ging es genauso weiter. Tränen über Tränen liefen mir in der Dusche über mein Gesicht und ich zweifelte, ob es die richtige Entscheidung gewesen war. In diesem Fall war sie es in beruflicher Hinsicht sicher nicht, aber ich wuchs daran, an der Challenge, fern von meiner Komfortzone neu anzufangen. Deshalb entschied ich mich auch nach dem gescheiterten Experiment wieder für eine berufliche Tätigkeit fern meiner Heimat.

570 Kilometer entfernt von den Menschen, die ich liebe. Meinen Entschluss, erneut etwas Neues zu wagen, verstand mein Vater nicht. Er wollte, dass ich zurück nach Hause komme.

Meinen Freundinnen würde Düsseldorf doch auch reichen. Warum müsse ausgerechnet seine Tochter immer wegziehen? Aber ich spürte innerlich, dass die Zeit noch nicht reif war. Ich musste wachsen. Also packte ich erneut meine Sachen, räumte mein Zimmer in München und flog mit vier Koffern in meine neue Wahlheimat. Diesmal war es die richtige Entscheidung.

Glück entsteht oft dadurch, dass wir uns unser passendes Umfeld aktiv suchen.

Mach also etwas, anstatt aus Angst vor Veränderung im Altbekannten zu verharren und die konstante Steigerung des eigenen Frustrationslevels zu ertragen, bis du irgendwann gar nicht mehr merkst, dass du so nicht leben solltest. Das gilt natürlich nicht nur für den Job, sondern auch für das private Leben.

Wie oft ertragen wir unglückliche Beziehungen, nur weil wir Angst davor haben, allein zu sein oder niemand besseren mehr zu finden? Wie oft arrangieren wir uns mit halb garen Lösungen, weil wir vor dem Ungewissen zurückschrecken?

Es muss gar nicht immer das große Ganze sein. Die Weisheit „Glück entsteht durch Anstrengung" beginnt schon in unserem Alltag. Lesen ist beispielsweise eine aktive Handlung, während Fernsehen oder das Scrollen durch Instagram eine passive ist. Natürlich ist es vermeintlich entspannter, sich berieseln zu lassen, als jede Zeile eines Textes zu erfassen, aber das Gefühl des Glücks ist beim Buch stärker, weil jener Tätigkeit eine Anstrengung zugrunde liegt.

Glück entsteht durch Tun. Durch das Gefühl, etwas geschafft zu haben. Sich selbst einen Mehrwert geboten zu haben. Es ist vergleichbar mit dem Fahrradfahren. Entspannter ist es, das Auto zu nehmen, aber nur die körperliche Anstrengung bietet uns das erfüllende Gefühl, etwas getan zu haben.

Die amerikanische Talkmasterin Oprah Winfrey schreibt in ihrem Buch *Was ich vom Leben gelernt habe*: „Heute ist mir der

Genuss eines guten Buches beinahe heilig, er bietet mir die Möglichkeit, jederzeit an jedem beliebigen Ort zu sein. Lesen ist meine absolute Lieblingsbeschäftigung. Was ich vom Leben gelernt habe, ist, dass wir uns beim Lesen der Welt öffnen. Das Lesen verschafft uns Zugang zu allem, was unser Geist aufzunehmen bereit ist. Und was ich am schönsten daran finde: Es verleiht uns die Fähigkeit, eine höhere Stufe zu erklimmen – und immer weiter nach oben zu streben."[76]

Notiz an uns selbst:

∞ **Angst** ist immer ein Bremser des Glücks.
∞ Glück wird aus **Mut** gemacht.
∞ **Lesen** macht glücklich.

Dieser Kasten ist für deine ganz persönliche Vorstellung von Glück. Nach welcher Tätigkeit fühlst du dich glücklich? Beseelt? Was löst in dir einen positiven Flow aus?

Doppel-D: Demut und Dankbarkeit

„Nicht die Glücklichen sind dankbar. Es sind die Dankbaren, die glücklich sind."

Francis Bacon

Ich liebe es, starke Frauen zu interviewen und mit ihnen über Erfolg und Leistung zu sinnieren. Alle, die ich bislang traf, betonten, wie hart sie dafür gearbeitet haben, ihre Träume verwirklicht zu haben. Das gefällt mir, bestätigt es doch meinen Glauben an den American Dream, der besagt, dass das Streben nach materiellem, wirtschaftlichem oder beruflichem Erfolg für jeden Einzelnen möglich ist.

Meine Interpretation war bisher recht harsch: Jeder könne seine Ziele erreichen, außer Menschen, die faul sind. Diese Meinung vertrat ich bis zu jenem denkwürdigen Freitagabend.

An diesem Abend sitze ich vor meinem Handy, trinke Cola Light und beantworte Leserinnenbriefe auf Instagram. Natürlich über Leidenschaft – und erfolgreiche Frauen. Meine Leserin ist Mitte 20, hat studiert und arbeitet als Angestellte in einem mittelständischen Unternehmen. Sie beschwert sich bei mir über Überstunden, Gleitzeitkonten und nicht rentenwirksame Mehrarbeit.

Meine Antwort ist ein leidenschaftliches Plädoyer für einen Jobwechsel. Warum übt eine junge Frau auch einen Job aus, der sie nicht erfüllt? Dafür ist das Leben doch wirklich zu kurz.

Ich denke an all meine Interviewpartnerinnen, die ihren eigenen Weg gegangen sind. Hab Mut, schreibe ich meiner Followerin. Das ist alles, was du brauchst. Fang in einem anderen Bereich neu an. Oder hast du mal daran gedacht, dich selbstständig zu machen?

Ihre Antwort: „Zu den Sternen greifen, schön und gut. Aber mit finanziellen Verpflichtungen an den Hacken ist der Weg nach oben deutlich schwerer."

Plötzlich fühle ich mich schlecht. Haben die zahlreichen Interviews mit erfolgreichen Frauen meinen Blick für das Wesentliche getrübt? Haben mich all die Gründerinnen und Chefredakteurinnen, die Unternehmerinnen und Managerinnen in eine Scheinwelt entführt? Ist es vielleicht doch nicht jeder Frau in Deutschland vergönnt, ihren Traum zu leben? Ich tippe meinen eigenen Karrierepfad ins Handy: Studium. Sichere Festanstellung. Journalistenschule. Wirtschaftsreporterin. Autorin.

Ich betone, dass ich dafür erst mal auf viel Geld verzichtet hätte. Das täte ich gerne und oft. Das muss sie überzeugen. Schnell tippe ich noch hinterher, wie einsam ich mich aufgrund meines Jobwechsels oft fühlte und was sie für ein Glück habe, immer an demselben Ort wohnen zu dürfen. Das müsse man auch honorieren, wenn Menschen mehr Geld als andere verdienen. Diese hätten oft auf ihr Privatleben und ihr gewohntes Umfeld verzichtet.

Ich nippe an meiner Cola Light und warte auf die Antwort. Nach wenigen Minuten blinkt mein Handy: „Mir ist wichtig, dass der Job meine Rechnungen bezahlt. Damit bin ich kein Einzelfall. Um mein Studium finanzieren zu können, habe ich einen Kredit aufnehmen müssen, den ich natürlich zurückzahlen muss."

Schuldbewusst erinnere ich mich an meine schöne Wohnung in Maastricht, weinselige Abende mit meinen Freundinnen – natürlich in unserem Lieblingscafé. Finanziert hat das Studentinnenleben mein Vater. Er war auch nie sauer, wenn ich mein monatliches Budget überzog. Und als ich meinen gut bezahlten Job kündigte, um Journalistin zu werden, ermöglichte er es mir, weiter in meiner viel zu teuren Wohnung mit meiner besten Freundin zu wohnen.

Ich schiele auf meine Armbanduhr, ein Geschenk meines Vaters für meine erste Festanstellung als Redakteurin und für mich eigentlich eine tägliche Erinnerung an meine Ziele und meine Leidenschaft. Doch in diesem Moment frage ich mich: War ich jemals wirklich mutig? Hätte ich meinen Neuanfang auch gewagt, wenn mein Vater mittellos gewesen wäre? Nein. Wahrscheinlich nicht.

In den vergangenen Jahren habe ich viele erfolgreiche Frauen getroffen. Egal, wen ich fragte, die Antwort war immer dieselbe: Leidenschaft und Mut ergeben Erfolg und führen zum Glück. Dazu ein gesundes Maß an Risikobereitschaft. Geld war nie ein Thema. Das gefiel mir, bestätigte es mich doch in meiner Erziehung.

Vielleicht habe ich die *Höhle-der-Löwen*-Investorin Dagmar Wöhrl deswegen nicht nach ihrem Mann gefragt. Das Vermögen von Rudolf Wöhrl wird auf 225 Millionen Euro geschätzt. Hätte Frau Wöhrl ohne ihren wohlhabenden Mann dasselbe erreicht? Gut möglich, aber als Journalistin hätte ich sie das fragen müssen.

Das gilt auch für mein Interview mit der Modeunternehmerin Judith Dommermuth. Ihr Mann, der 1&1-Gründer Ralph Dommermuth, besitzt mehr als eine Milliarde Euro. Hätte sie sich auch ohne diese finanzielle Sicherheit getraut, ihren Job als Model aufzugeben und ein Modelabel zu gründen? So, wie ich sie einschätze, hundertprozentig! Ihr Erfolg hat meiner Meinung nach rein gar nichts mit ihrem Mann zu tun. Aber ich hätte trotzdem mit ihr darüber sprechen müssen.

Immerhin gibt es genügend Beispiele von erfolgreichen Menschen aus einfachen Verhältnissen. Der frühere SPD-Chef Gerhard Schröder schaffte es über den zweiten Bildungsweg bis zum Bundeskanzler. Auch Angela Merkel entstammt keiner Millionärsfamilie, ihr Vater war Theologe. Beide Lebensläufe zeigen, dass Disziplin und harte Arbeit zum Erfolg führen.

Doch eines ist mir heute Abend bewusst geworden: Die Unternehmerinnen und Managerinnen, die ich interviewe, bilden nur einen sehr kleinen Teil der hart arbeitenden Frauen in Deutschland ab. Und sie halten unsere Wirtschaft nicht alleine am Laufen. Dafür bedarf es in erster Linie Frauen, die jeden Tag im Büro, im Krankenhaus oder Pflegeheim ihren Dienst leisten. Ohne dass jemand darüber berichtet. Diesen Frauen schulden wir Demut und Dankbarkeit. Vielleicht sogar mehr als meinen erfolgreichen Interviewpartnerinnen.

Wenn ich das nächste Mal eine erfolgreiche Businessfrau interviewe, werde ich sie fragen, wie mutig sie wirklich war. Der finanzielle Hintergrund sollte immer Thema sein. Denn mit meinem ständigen Gerede von Erfolg durch harte Arbeit habe ich anscheinend in anderen Menschen ein schlechtes Gefühl ausgelöst. Das darf nicht sein.

Notiz an uns selbst:

- ∞ Über den eigenen **Tellerrand** schauen.
- ∞ Mehr **Dankbarkeit** für berufliche Chancen empfinden.
- ∞ Anderen Menschen mit **Demut** begegnen.

Neid ist der direkte Weg ins Unglück

„Neid sieht nur das Blumenbeet. Nie den Spaten."
Chinesisches Sprichwort

Neid ist ein ekelhaftes Gefühl, das ich leider kenne. Zum Beispiel bei einem Event in Berlin. Ich schlängele mich an den Besuchern der Digitalkonferenz vorbei zur Nebenbühne, während auf der Hauptbühne das Event eröffnet wird. Vor wenigen Wochen noch hieß es, ich solle dort moderieren. Zwei volle Tage lang.

Wie stolz ich war, als ich meinem Vater das Programm schickte! Das Foto von mir habe ich noch als Screenshot auf meinem Handy. Seufzend nehme ich Platz. Rote Rosen umrahmen große Leuchtbuchstaben. Dass die Rosenbühne in der Realität noch eindrucksvoller ist als in den Konzepten während der Planung, hebt meine Laune so gar nicht. Ich ärgere mich über mich selbst. Warum kann es mir nicht egal sein, dass nun zwei andere Frauen durch das Programm führen werden?

Ich halte mich an den Worten meiner besten Freundin Jil fest: „Wer weiß, was du in 20 Jahren moderieren wirst. Du bist einfach zu ehrgeizig. Das war schon immer dein Problem. Warte doch einfach mal ab."

Ein schwacher Trost. Denn was sie nicht weiß: Die Hauptbühne moderiert eine Journalistin, die nur zwei Jahre älter ist als ich. Das hatte ich ihr verschwiegen. Warum? Weil ich neidisch bin.

Neid hat zu Recht einen schlechten Ruf. Schlimmer noch, Neid widert selbst den an, der ihn zeigt.

„Dabei ist Neid an sich eigentlich normal und sehr menschlich", erklärt Thomas Mussweiler, Professor für Organisationspsychologie an der London Business School, in der *Frankfurter Allgemeinen Zeitung*. Neid sei eine Spielart des Vergleichs und „wir müssen uns vergleichen, um uns selbst einschätzen zu können, zum Beispiel in Bezug auf Intelligenz, Reichtum und Schönheit"[77].

Wir beneiden vor allem Menschen, die uns ähnlich sind und mit denen wir persönlich zu tun haben. „Nicht umsonst heißt es ja: Das Gras des Nachbarn – und nicht: des Villenbesitzers oben auf dem Berg – ist immer grüner", so Mussweiler weiter.[78]

Solche Erklärungen trösten mich nicht. Ich kann mich nicht erinnern, vor meiner beruflichen Laufbahn jemals missgünstig gewesen zu sein. Vielmehr haben mich zu Unizeiten bessere Kommilitonen angespornt, härter zu arbeiten. Auch an den Erfolgen meiner Freundinnen erfreue ich mich regelmäßig. Oft ist es für mich gar so, als würde ich sie selbst erleben. Vergleiche mit mir selbst? Fehlanzeige!

Um nicht länger die Rosenbühne anzustarren, wechsle ich den Raum und verfolge die Hauptbühne und somit die Moderation meiner fast gleichaltrigen Kollegin. Dabei stopfe ich rosafarbene Zuckerwatte in mich rein. Ein schlechtes Zeichen, Süßigkeiten sind für mich eigentlich tabu. Und das Schlimmste ist: Sie ist wirklich gut. Mehr noch, sie brilliert. Auf ganzer Linie.

Langsam schlägt der Neid in Bewunderung um. Während einer Pause spreche ich sie an. Mein Lob ist ehrlich. Mit einer

Cola Light in der Hand am Tresen lehnend, diskutieren wir verschiedene junge Formate, den Onlinejournalismus und unsere Zielgruppe. Es macht Spaß und ich fühle mich befreit. Ein gutes Gefühl.

Wenige Wochen später ist das Event längst vergessen. Während ich über den richtigen Texteinstieg für einen Artikel nachdenke, lasse ich mich von meinem Handy ablenken. Mal wieder. Es ist eine Nachricht von ihr, der gleichaltrigen Journalistin: „Hey, in Köln gibt es bald so eine ‚Women-in-Media'-mäßige Vernetzungsveranstaltung, an der ich leider selbst nicht teilnehmen kann. Ich darf aber eine Kollegin vorschlagen und würde denen gerne deinen Kontakt geben. Hast du eine Mailadresse und Telefonnummer für mich? Danke schon mal und liebe Grüße!"

Meine Moral von der Geschichte: Neid ist zu Recht das hässlichste Gefühl der Welt.

Notiz an uns selbst:

- ∞ Neid erkannt: **Gefahr** gebannt.
- ∞ Weniger **Neid** empfinden.
- ∞ Uns weniger mit anderen **vergleichen**.

Warum der Optimierungswahn ein wahrer Glücksbremser ist

„Es wächst eine Generation heran, die immerzu das Ge-
fühl hat, sie sei nicht gut genug. Das erzeugt eine Werte-
haltung, die auf Selbstoptimierung geradezu ausgerich-
tet ist.“

Hartmut Rosa

Es gibt immer wieder Momente, in denen ich den Entschluss fas-
se, mein Leben zu optimieren. Heißt bei mir: weniger Alkohol
trinken, gesünder leben, mehr Sport treiben. Einfach die beste Version von mir selbst werden. Meistens verdanke ich diese
Überlegungen einem ausgeprägten Kater. So wie letzten Sonntag. Während ich mit furchtbaren Kopfschmerzen im Flugzeug
sitze und nach dem Servierwagen lechze, um meinen Nachdurst
zu stillen, hadere ich mit mir selbst. Warum habe ich nach dem
zweiten Glas Wein nicht einfach aufgehört? Wieso tue ich meinem Körper das an?

Mein schlechtes Gewissen verschlimmert sich, als ich, auf der
Suche nach meinem Aufladekabel, eine Schachtel Zigaretten aus
meiner Handtasche fische. Die Schachtel ist leer. Natürlich. Allein bei dem Gedanken an die 20 verqualmten Zigaretten wird
mir übel.

Woher kommt diese fehlende Selbstdisziplin? An meiner Erziehung kann es nicht liegen, mein Vater ist der Inbegriff von Disziplin und meine Mutter trinkt zwar gerne mal ein Glas Sekt, treibt dafür aber regelmäßig Sport.

Mindestens viermal die Woche. Meine Schwester? Sehe ich, dank Instagram, fast täglich auf dem Stepper. Und das auch noch mit blendender Laune. Ich falle mit meiner Sportfaulheit eindeutig aus dem Familienraster. Verdrossen schiebe ich es auf die missliche Zusammensetzung der Gene.

Auch zu den Instagram-Feeds meiner Generation passen meine weinseligen Abende nicht. Ich gehöre der Generation Y an, seltener auch Generation Me genannt, die in den frühen 1980ern bis zu den späten 1990ern geboren wurde. Die Vertreterinnen meiner Generation präsentieren sich auf Instagram als gesundheitsbewusste, perfekt gefilterte Menschen, die weder trinken noch rauchen – stattdessen gesundes Essen lieben.

Das gilt insbesondere für Poke Bowls. Auf Instagram wurde der Hashtag #pokebowl bislang 684 000-mal geteilt, Tendenz steigend. Dem Fischsalat aus Hawaii werden gar ganze Kochbücher gewidmet. Ich selbst verstehe den Poke-Bowl-Hype nicht. Ebenso wenig die Ära der Selbstoptimierung. Sei es die sportliche Instagrammerin, die 80 Liegestütze wie Urlaub aussehen lässt, oder die Hausfrau von nebenan, die sich täglich beim Joggen filmt. Zu allem Übel tut sie das meist um sieben Uhr morgens – während ich noch entspannt in meinem Pyjama im Bett liege. Das stresst mich und macht mir beim Aufwachen schlechte Laune, auch ganz ohne Kater. Ob ich selbst gerne die gut gelaunte, joggende Frühaufsteherin wäre? Auf jeden Fall, aber das passt nicht zu mir. Vielleicht starte ich erst einmal damit, mir morgens vor der Arbeit einen frischen Smoothie zu mixen. Das wäre ja schon mal was.

Leider ist der Optimierungswahn auch schon in Teilen meines Freundeskreises angekommen. Alkohol ist schädlich. Pizza macht dick. Eis sowieso. Mit einem meiner Kumpel kann ich nicht einmal mehr unserer gemeinsamen Leidenschaft frönen, dem Spaghettieis. Seine Begründung: Da ist Zucker drin und er möchte nun zuckerfrei leben. Dauerhaft. Das solle ich doch bitte auch mal ausprobieren.

Mein abendliches Qualmen? Kritisiert er genauso, während er über sein tägliches Training schwadroniert. Natürlich trinke er nur Wasser. Ausschließlich. Ich hingegen bin abhängig von Cola Light. Ich trinke zu viel davon. Auch jetzt gerade steht ein bis oben hin gefülltes Glas neben mir. Noch eine Sünde, die ich – um die beste Version von mir zu werden – dringend hinter mir lassen muss.

Meinen Weißweinkonsum sollte ich ebenfalls einstellen. Das Problem ist, ich liebe Weißwein. Und manchmal habe ich auch ganz gerne einen ordentlichen Schwips, begleitet von philosophischen Gesprächen bis zum Morgengrauen.

Denn zur Wahrheit gehört auch: Die besten Nächte meines Lebens hatten leider nie etwas mit Wasser und Salat zu tun. Ich wünschte, es wäre so. Stattdessen fanden sie oft in einer schäbigen Bar mit Unmengen an Weißwein, Gesprächen und Tanz statt. Viel Tanz.

Meine Leidenschaft für die dunklen Seiten des Lebens stand übrigens schon früh fest. In meinem Lebenshoroskop, das meine Uroma anlässlich meiner Geburt anfertigen ließ, steht: „Sie liebt Wein, Mann und Gesang." Kein Scherz. Und den Sternen kann man nicht entkommen.

Was soll ich also tun? Einfach weitermachen ist schwach. Auch wenn mich der Optimierungszwang der anderen schlicht wahnsinnig macht. Während ich vor meinem Laptop auf mein Word-Dokument starre, fällt mir der Satz eines Freundes ein:

„Ich habe nicht das Ziel, am Ende meines Lebens als gesündester Mensch in die Kiste zu steigen." Sein Spruch gefällt mir.

Ich möchte keine langweilige Eisverweigerin werden, aber auch meine Lebenszeit nicht unnötig verkürzen. Deswegen werde ich sehr bald mit dem Rauchen aufhören müssen. Ein für alle Mal! Aber meinem Weißwein bleibe ich treu. Und Poke Bowls kommen mir auch nicht auf den Tisch. Genauso wenig wie ein Chai Latte oder Eis auf Kokosnussbasis. Falls du es noch nicht probiert haben solltest: Lass es. Es schmeckt scheußlich und hat den Namen Eis nicht verdient. Ich spreche da aus Erfahrung.

Notiz an uns selbst:

∞ Der **Optimierungswahn** macht nicht glücklich, sondern setzt uns unter Druck.

∞ Die besten Nächte haben selten etwas mit **Wasser** und Salat zu tun.

∞ Kleine **Sünden** darf man sich gelegentlich selbst verzeihen.

∞ Eis auf **Kokosnussbasis** ist grauenhaft.

Führt uns eine Bucket List ins Glück?

*„Sei dankbar für das, was du hast. Dann wirst du am
Ende mehr haben. Wenn du dich auf das konzentrierst,
was du nicht hast, wirst du niemals genug haben."*

Oprah Winfrey

Um sein Glück zu finden, muss man es visualisieren, sagen die
Ratgeber. Nichts leichter als das. Einen Kirschbaum im Garten
haben, eine Zeit lang in New York leben, die Kelly Bag von Her-
mès besitzen, das Leben eines Menschen nachhaltig verändern
und mit pinken Delfinen schwimmen – es gibt vieles, was ich in
meinem Leben machen möchte. Deswegen führe ich seit Jahren
eine Word-Tabelle. Meine Pläne sind in vier Abschnitte unter-
teilt: Lebensziele, materielle Ziele, Momente und Reisen. In un-
regelmäßigen Abständen hole ich die Liste hervor, hake Punkte
ab und skizziere meine Erinnerungen.

**Ich möchte nicht vergessen, welche Frau ich später einmal
sein will. Nicht meine Träume aufgeben und mir einreden,
dass die zweitbeste Lösung auch ganz okay wäre.**

Meine persönliche Bucket List soll mich an meine Wünsche
und Träume erinnern. Begonnen habe ich damit 2015, kurz nach

meinem Uniabschluss, inspiriert von dem Film *Das Beste kommt zum Schluss* aus dem Jahr 2007. Jack Nicholson und Morgan Freeman mimen darin zwei Männer, die unheilbar an Krebs erkrankt sind.

Um ihre Bucket List zu erfüllen, türmen sie aus dem Krankenhaus, trinken Kaffee aus Katzenkot und besteigen gemeinsam den Mount Everest. Angelehnt ist das Wort übrigens an die englischsprachige Redewendung „to kick the bucket", was wörtlich übersetzt bedeutet „den Eimer zu treten", und so viel heißt wie „den Löffel abzugeben". Sterben. Auch wenn der Begriff erst seit wenigen Jahren populär ist, schrieb der US-amerikanische Abenteurer John Goddard, geboren 1924, bereits mit 15 Jahren seine persönliche Liste. Am Ende wird diese 127 abgehakte Ziele umfassen. Den Besuch einer Totenfeier auf Bali inklusive. **Goddard war sich sicher, wenn er einen Plan machte, würde er ein Leben voller Spannung, Spaß und Lebensweisheiten führen.**

Goddard und ich sind mit unseren Lebenslisten nicht alleine. Auf Internetseiten wie bucketlist.org oder mithilfe des Buches *Bucket List* von Elise de Rijck füllen Hunderttausende Menschen ihre To-do-Listen fürs Leben aus. Häufig sind es Reiseziele, verrückte Ideen wie „auf einem Lama rückwärts reiten" oder Spinnereien à la „mit Socken duschen". Auf Seiten wie stickk.com ist es sogar möglich, einen Betrag zu hinterlegen, der nur dann zurückgezahlt wird, wenn man sein Ziel erreicht hat. Klappt das nicht, erhält eine andere Person das Geld.

Ich frage mich: Machen uns diese Listen glücklich? Ist ein Leben zum Abhaken wirklich ein erfülltes? Und was passiert, wenn wir unsere Ziele erreicht haben?

Psychologieprofessor Wilhelm Hofmann von der Universität Köln erklärte in einem Interview mit dem WDR: „Es spricht überhaupt nichts dagegen, dass man sich immer mal wieder hinsetzt und sich fragt: Was ist mir eigentlich wichtig?" Denn nur so könne man Prioritäten setzen und Dinge tun, die im Trubel des Alltags auch mal unter den Tisch fallen.[79] Getreu dem Motto: Visualisiere deine Träume – und sie werden wahr.

Für mich gibt es das große und das kleine Glück. Mein großes Glück sind meine Familie, mein wundervoller bester Freund und meine fabelhaften Freundinnen. Meine Herzensmenschen eben. Das kleine Glück sind Momente. Eingekuschelt auf der Couch *Sex and the City* schauen. Ohne festes Ziel eine neue Stadt erkunden. Stundenlang beseelt von Freundschaft und Wein durch die Wohnung tanzen. Momente eben, die das Herz nachhaltig berühren.

Das große Glück lässt sich nicht mit einer Bucket List erzwingen. Es ist Glück oder Schicksal, den richtigen Menschen zu begegnen. Das kleine Glück hingegen kann man anschieben, indem man öfter seine Komfortzone verlässt, neue Dinge ausprobiert und zur Abenteurerin wird.

Nächstes Jahr möchte ich mit meiner kleinen Schwester endlich nach Griechenland fliegen, getreu meiner Bucket List: jedes Jahr ein neues Land kennenlernen. Ich bin mir sicher, es wird eine Woche des kleinen Glücks werden, gefüllt mit Erinnerungen. Von meiner Liste aus dem Jahr 2015 habe ich übrigens ein Drittel abgehakt. Für den Rest ist noch genug Zeit.

Was mein 22-jähriges Ich damals nicht bedacht hat: Wünsche und Träume können sich ändern. Begegnungen und Erfahrungen prägen uns. *Pretty Happy* stand 2015 nicht auf meiner Bucket List, dafür wollte ich in die Politik gehen. Für mein 28-jähriges Ich heute eine völlig absurde Vorstellung! Ein Grund mehr, seine Bucket List konstant seinem Leben anzupassen.

Hier ein Kasten, in dem du deine eigene Bucket List starten kannst:

Wie sehen meine Lebensziele aus?

_____

_____

_____

_____

_____

_____

Welche Dinge möchte ich irgendwann unbedingt besitzen?

_____

_____

_____

_____

_____

_____

Was für Momente möchte ich erleben?

_____

_____

_____

_____

_____

_____

_____

Welche Länder und Städte will ich bereisen?

_____

_____

_____

_____

_____

Die Reise, die mein Leben veränderte

„Die größte Sehenswürdigkeit, die es gibt, ist die Welt,
sieh sie dir an."

Kurt Tucholsky

Neben den Glückskomponenten Freundschaft, Familie, Liebe und Erfolg gibt es noch die fünfte verheißungsvolle Zutat: das Reisen.

Für mich gibt es nichts Besseres, als die Vorweihnachtszeit in London zu verbringen. Alles ist festlich geschmückt und überall riecht es nach gebratenen Mandeln und heißem Apple Cider.

Samstag. Es nieselt. Ich schlendere in Heels und einem Pünktchenkleid unter meinem Mantel durch das mondäne, sehr weiß gehaltene Stadtviertel Kensington. Ich schieße Fotos und bewundere die Weihnachtsdekoration und die großen Türkränze mit den roten Schleifen.

Ich bin auf dem Weg ins Soho House. Dort treffe ich mich zum Lunch mit meinem Agenten und einer Freundin von ihm, Sinta. Die Begrüßung mit Sinta ist herzlich. Die mir unbekannte brünette Frau umarmt mich. Ein vertrautes Gefühl überkommt mich, ganz so, als würde ich sie schon sehr lange kennen. Oder vielleicht ist es auch einfach das seltene Erlebnis

der Freundschaft auf den ersten Blick. Am Ende unseres Nach-
mittages erzählt sie von ihrer Reise über Silvester nach Indien
in einen Ashram.

Indien? Ashram? Ich werde hellhörig. Seit ich klein bin, habe
ich eine starke Verbindung zu Indien. Meine Eltern unterstützten
dort seit jeher ein Mädchenkinderheim. Schon sehr früh stand
ich mit den Mädchen dort in Briefkontakt und habe bei jeder
Reise mein Spielzeug und das meiner Freundinnen gespendet.
Aber ich schweife ab. Zurück zu Sinta. Sie erklärt mir, dass es
sich bei dem Ashram um eine Art Kloster handele, in dem man
Ayurveda-Kuren machen könne. Teuer sei das nicht, man lebe
dort wirklich sehr spartanisch. Ich spüre das Verlangen, ein neues Abenteuer zu wagen. Einfach mal Ja zu sagen, ohne großartig
drüber nachzudenken oder meine Pläne mit meinem Umfeld zu
diskutieren.

Ich habe Schmetterlinge im Bauch. Fast so, als wäre ich
verliebt. Vielleicht bin ich das auch endlich mal wieder. Verliebt in das Leben!

Zurück in Düsseldorf erzähle ich meinen Freunden und meiner Familie von meiner spontanen Idee, in ein Ashram nach Indien zu fliegen. Mein Plan trifft wie erwartet eher auf Ablehnung
als auf Euphorie. Doch davon lasse ich mich nicht abhalten. 14
Tage später packe ich meinen Koffer, entferne meinen Nagel-
lack und meine Wimpern-Extensions. Ich fühle mich nackt, also
nehme ich meine Make-up-Tasche und packe sie in den Koffer.
Dann stocke ich. Der Reiz der Reise besteht doch darin, zu mir
selbst zu finden. Sollte ich meine Schminke da nicht lieber zu
Hause lassen? Wahrscheinlich, aber das schaffe ich in diesem
Moment einfach nicht.

Zielort ist Chennai, Indien. Auf dem Flug gönne ich mir ein Wie-
ner Schnitzel, einen Apfelstrudel und zwei Gläser Weißwein. Fast
schon panisch kontrolliere ich, ob ich die Weihnachtsplätzchen

meiner Tante dabeihabe. Wer weiß, was es im Ashram zu essen gibt, und vor allem wann.

Am Flughafen in Chennai angekommen, regiert das Chaos. Alle brüllen und wuseln um mich herum. Ein Taxifahrer, der mich als Kundin gewinnen will, kommt auf mich zu und reißt mir den Koffer aus der Hand. Doch ich erkämpfe ihn mir zurück und entdecke schließlich meinen Fahrer. Ein dunkelhaariger, kleiner Mann, der kein Englisch versteht, aber dafür freudig lacht.

Er beginnt, Hindu mit mir zu sprechen, und zeigt mit seiner Hand die Zahl vier. Aha, wir fahren also vier Stunden, denke ich mir. Ich bin hundemüde vom Flug, will aber keine Sekunde von Chennai, der Landschaft und den bunten Farben verpassen. Ich versuche, mich zusammenzureißen, doch meine Augen fallen mir immer wieder zu. Ich schlafe ein – und werde von lautem Kindergeschrei geweckt. Wir stehen.

Ich bin alleine im Auto. Sind wir schon da? Der Fahrer ist weg. Zehn Minuten vergehen. Ich bin immer noch alleine. Schließlich krame ich mein Handy aus der Tasche, um im Ashram anzurufen. Kein Empfang. Ich werde nervös. Wo bin ich? Weitere fünf Minuten vergehen. Nichts. Doch dann, am Ende der Straße, sehe ich meinen Fahrer. Erleichterung überkommt mich. Er steigt ein und wir fahren weiter.

Kühe stehen auf der Straße. Frauen waschen. Kinder spielen auf dem Boden. Alles eingetaucht in die satten Farben Indiens. Ich könnte stundenlang aus dem Fenster schauen.

Im Ashram werde ich von Radikah empfangen. Da ich mich für eine Panchakarma-Kur während meines Aufenthalts entschieden habe, ist sie meine behandelnde Ärztin. Sie bringt mich zum Mittelpunkt des Ashrams, dem Aufenthalts- und Speiseraum. Da sehe ich auch schon Sinta. Ich laufe freudig auf sie zu – ich kann einfach nicht glauben, dass ich mich wirklich auf dieses

Abenteuer eingelassen habe. Sie übrigens auch nicht. Sie hat bis zuletzt nicht erwartet, dass ich wirklich auftauchen würde.

Vor meiner Zimmertür sitzt Edie, eine kleine braune Hundedame, die mich ab diesem Moment nicht mehr aus den Augen lässt. Ich habe wohl eine neue Freundin gefunden. Ein gutes Gefühl, denn ich liebe Hunde. Mein Zimmer besteht aus einer Pritsche mit einem Moskitonetz, einem Schrank und einem kleinen Badezimmer, in dem ein Duschkopf angebracht ist. Mehr gibt es nicht. Sinta hat nicht übertrieben, es ist alles sehr spartanisch eingerichtet.

Nach der langen Reise erst mal eine Dusche, denke ich mir. Ich stelle mich unter den Duschkopf und atme tief ein. Genieße den Moment. Dann drehe ich den Wasserhahn auf und kreische los. Eiskalt. Das hat mir niemand gesagt. Es gibt hier keine Regulation. Eine heiße Dusche? Nicht möglich. Ich kann mich also nur zwischen einer kurzen oder einer langen eiskalten Dusche entscheiden. Ich nehme die kurze und bin hellwach.

Am nächsten Morgen werde ich um 5.30 Uhr von den Sonnenstrahlen und einem sehr penetranten Hahn geweckt. Verschlafen öffne ich meine Augen. Ich kann noch immer nicht fassen, dass ich wirklich in Indien bin. Ungeschminkt und mit nassen lockigen Haaren schaue ich mich im Spiegel an. Ich fühle mich unwohl, so zum Frühstück zu gehen, sehe es aber als Herausforderung.

Ich muss mich endlich an mein wirkliches Ich gewöhnen. Warum fällt mir das noch so schwer? Warum will ich mich allzu oft hinter Make-up verstecken?

Ich öffne die Tür und kleine braune Kulleraugen sehen mich an. Die kleine Edie hat die ganze Nacht vor meiner Tür geschlafen. Ob sie wohl spürt, dass ich sie während der Zeit im Ashram noch brauchen werde? Ich spaziere mit ihr zum Frühstücksraum. Zwischendurch tritt sie mir immer wieder auf den Fuß.

Ich setze mich im Schneidersitz auf den Boden und Edie legt sich neben mich. Ihr Kopf auf meinem Oberschenkel.

Während ich mir eine Papaya schäle, bespreche ich mit Radikah, meiner Ärztin, den Verlauf meiner Panchakarma-Kur. Als ich mir ein Stück von einem indischen Fladenbrot nehmen will, bekomme ich direkt die Anweisung, dass ich anderes Essen, unabhängig von den anderen Gästen, bekäme. Noch bin ich euphorisch und freue mich drauf.

Man stellt einen Brei vor mich hin. Lecker Porridge? Nein. Kitchari. Kitchari ist ein ayurvedisches Gericht, das sehr gut verträglich und gleichzeitig stärkend und reinigend wirkt. In Indien wird es häufig nach Krankheit oder im Rahmen von Reinigungskuren gegessen. Es handelt sich dabei um eine Mischung aus Basmatireis und Mungbohnen-Dhal. Leider verfliegt meine Euphorie nach den ersten zwei Bissen.

Da Kitchari mehrmals täglich auf meinem Speiseplan steht, versuche ich, es mir schmackhaft zu machen. Leider mit wenig Erfolg.

Die ersten Tage vergehen wie im Flug und ich komme sehr gut mit der Kur zurecht, nur das Essen fällt mir schwer. Ich habe starke Gelüste nach griechischem Joghurt mit Salz. Das kann ich mir allerdings abschminken, die nächste Zeit ist durch die Gesetze des Panchakarma geprägt.

Das ist eine Kur, die Haut- und Darmkrankheiten heilen kann und den Körper wieder auf null zurücksetzt. Bei der Kur entgiftet man auf vier Weisen: über den Darm, den Mund, die Nase und die Haut. Es werden ausleitende Massagen durchgeführt, man bekommt pflanzliche Einläufe, macht eine Nasenspülung und nimmt Abführ- und Brechmittel zu sich. All das, um die Gifte und Toxine aus dem Körper zu leiten.[80] Die ersten Tage sind von wohltuenden Massagen, Yoga und kurzen Nasenspülungen geprägt. Alles easy, denke ich mir.

Ich genieße die ungeschminkte, ehrliche Zeit in vollen Zügen und beginne, mich mit mir selbst zu beschäftigen, zu mir zu finden. Ich lese viel.

Auch gehe ich häufig mit der kleinen Edie spazieren, allerdings nur auf dem Gelände des Ashrams. Dieses darf ich während der Kur nicht verlassen, da mein Körper in der ersten Zeit stark geschwächt wird und das Infektionsrisiko zu groß ist. Gegen Ende der Kur wird das Immunsystem neu aufgebaut und gestärkt.

Tag 8. Heute steht Vaman auf dem Programm. Ich frage Radikah beim Frühstück, was es damit auf sich hat. Sie lacht und macht mit ihrem Finger eine Bewegung in den Mund. Meine Augen werden größer. Ich soll mich übergeben? Freiwillig? Sie nickt. Oje, für mich gibt es fast nichts Schlimmeres.

Anstatt eines Frühstücks bekomme ich einen Liter Salzwasser und einen kleinen Löffel mit dunkelgrünen gemischten Kräutern. Schon während ich das Salzwasser trinke, wird mir übel. Aber weiter geht's. Jetzt noch das kleine grüne Gift. Radikah streichelt mir liebevoll den Rücken und ich merke, wie mir alles hochkommt. Jetzt kann die Party losgehen, denke ich mir. Und wie sie losgeht. Ich entleere mich und fühle mich schwach. Will mich nur noch hinlegen.

Radikah bringt mich in mein Zimmer. Ich lege mich hin, doch länger als zwei Minuten bleibe ich nicht liegen. Ich übergebe mich immer und immer wieder, über Stunden hinweg. Ich fange an zu weinen, fühle mich hilflos und alleine. Tränen laufen mir über die Wangen. Ich sitze auf dem Boden neben der Toilette und schaue in den Spiegel. Ungeschminkt und blass. Mein Spiegelbild macht mir Angst. Das bin ich, hilflos und ängstlich. Ich will, dass es aufhört.

Ich habe mich in meinem ganzen Leben noch nie so hilflos und alleine gefühlt. Ich habe das Gefühl, wenn ich nicht bald aufhöre, mich zu übergeben, werde ich sterben. Ich zittere. Fühle mich nur noch schwach. Jede Bewegung fällt mir schwer.

Trotzdem vertraue ich auf Radikah und die Menschen hier in Indien. Mit leiser Stimme rufe ich nach Hilfe. Keiner hört mich. Ich sacke in mich zusammen. Plötzlich steht Radikah vor mir und streichelt mir über den Kopf. „Let all the bad things go, Vivien." Ich bettele sie an, mir ein Gegenmittel zu geben. „No worries. It will stop, when your body is ready."

Wann wird mein Körper endlich fertig sein? Ich habe keine Kraft mehr, mich über die Toilette zu beugen. Radikah gibt mir einen Eimer. Die Tränen laufen weiter und weiter. Gegen Abend werden die Abstände größer. Habe ich es überstanden? So langsam können sich doch keine Giftstoffe mehr in meinem Körper befinden. Aber schon während ich das denke, wird mir wieder übel.

Irgendwann hört es auf. Erleichterung macht sich breit. Ich fühle mich schwach, bin aber glücklich und stolz, es geschafft zu haben, mich zu 100 Prozent auf die Entgiftungskur eingelassen zu haben.

Mir wird klar, in was für einer behüteten, privilegierten und oberflächlichen Gesellschaft ich groß geworden bin. Für uns sind so viele Dinge mehr als nur selbstverständlich. Wir wissen unser Leben, die kleinen und schönen Momente, nicht mehr zu schätzen. Wir sind so getrieben von Schönheit, Karriere, Erfolg, dass wir vergessen, wie schnell das alles zu Ende sein kann.

Seit meiner Reise nach Indien ist es meine Mission, primär auf meine Werte zu achten. Es ist so wichtig, die Menschen im Herzen zu berühren. Schönheit kommt und geht, aber wie du die Menschen um dich herum behandelst und wie du sie im Herzen berührst, das ist, was wirklich im Leben zählt!

Meine Make-up-Tasche ist übrigens die ganze Zeit in meinem Koffer geblieben. Auch am Tag meiner Abreise sehe ich keinen Grund, sie auszupacken. Ungeschminkt und glücklich trete ich den Rückflug an. Die Fahrt zum Flughafen lässt mich demütig und dankbar werden. Ich sauge ein letztes Mal die satten Farben und die Geräusche Indiens in mich auf. Vermisse die kleine Edie. Vor meiner Abfahrt habe ich ihr noch eine riesige Tüte veganer Leckerlies gekauft. Fleisch ist im Ashram nicht erlaubt.

Im Flugzeug werde ich wie üblich überhäuft mit Versuchungen wie Alkohol, Weißbrot oder Pasta, aber ich habe kein Verlangen. Radikah hat mir am letzten Tag einen Rat mit auf den Weg gegeben: „Wir haben deinen Körper jetzt auf null zurückgesetzt. Mach etwas draus und nutze es für deine Zukunft." Genau das mache ich. Ich nutze meine neu gewonnene Chance, entscheide mich für das gesunde Essen und – viel wichtiger – für gesunde Gedanken! Auch sechs Monate nach der Kur habe ich meine Ernährung noch im Griff.

Die Zeit in Indien war körperlich wohl eine der schwierigsten in meinem Leben. Ob ich es wieder tun würde? Sofort! Indien hat mein Leben verändert und mich ein Stück weit zu der Frau gemacht, die ich heute bin.

Notiz an uns selbst:

∞ Sei **spontan**.

∞ **Sage Ja** zu deinem Leben.

∞ Lasse dich auf neue, unbekannte **Abenteuer** ein.

∞ **Reduziertes Leben** macht glücklich, Materialismus nicht.

∞ Komme von alten **Verhaltensmustern** los.

Der Mönch von Myanmar

„Reisen ist die Sehnsucht nach dem Leben."

Sprichwort

Nicht nur Indien, auch eine Reise nach Myanmar veränderte nachhaltig mein Leben.

Es beginnt mit einem feuchtfröhlichen Abend. Ich stehe in einem Düsseldorfer Club, alles ist bunt geschmückt, Konfetti fliegt durch die Luft. Endlich ist wieder Karneval. Ausgelassen feiere ich mit meiner Freundin Alina als Pilotin verkleidet die kunterbunte fünfte Jahreszeit. Für mich ist es die schönste Zeit im Jahr. Auch die Schlagerklassiker, die im Hintergrund laufen, liebe ich.

Mein Handy klingelt. Eine mir unbekannte Nummer. Wolfgang Rademann ist am Apparat, der Produzent der legendären ZDF-Serie *Traumschiff*. Meine Augen werden groß. Er kommt direkt zur Sache: „Hast du Zeit, morgen früh nach Singapur zu fliegen? Wir haben eine Rolle, die super zu dir passt."

Leicht betrunken, perplex und gleichzeitig voller Glücksgefühle sage ich sofort zu. Ich fahre nach Hause und fange an zu packen. Keine 24 Stunden später sitze ich im Flieger Richtung Singapur. Die Schiffsroute, die mich erwartet, geht über Thailand, Kuala Lumpur und Myanmar nach Sri Lanka. Als leidenschaftliche Weltenbummlerin ein echter Traum. Ich freue mich sehr. Das Team kenne ich schon, es ist mein viertes Mal auf dem Schiff. Etwas, wofür ich sehr dankbar bin.

Die ersten Tage sind geprägt von Kostüm- und Maskenproben, dem Kennenlernen der Schauspieler sowie einer Leseprobe. Dann geht der Dreh los. Viele schöne Orte kann ich leider nur vom Hafen aus betrachten, da ich fast jeden Tag drehe und der Zeitplan eng getaktet ist. Doch manchmal hat man auch Glück im Leben. Meine Drehpause fällt genau auf unsere Zeit in Myanmar und Kuala Lumpur. Beides Ziele, die ich noch nicht kenne.

Myanmar, 6.15 Uhr. Das *Traumschiff* legt im Hafen an. Pünktlich klingelt mein Wecker. Ich springe aus dem Bett, schaue aus dem Fenster und die Entdeckerinnenlust überkommt mich. Ich ziehe mir schnell ein weißes, bodenlanges Kleid an und schnappe mir ein luftiges Tuch, um meine Schultern zu bedecken. Alleine setze ich mich in ein Taxi und lasse mich zu den Shwedagon-Pagoden fahren, dem bedeutsamsten Sakralbau und gleichzeitig dem religiösen Zentrum Myanmars.

Die Landschaft rund um den Hafen ist eher trostlos. Auf dem Weg sehe ich viel Armut. Kinder spielen mit dreckigen Wasserflaschen, Hühner laufen über die Straße. Ich schaue auf mein Handy. Empfang? Fehlanzeige. Macht nichts.

Ich schieße unzählige Fotos von der Landschaft, denn ich möchte alles für meinen Auftritt auf Instagram dokumentieren.

Nach 30 Minuten Fahrzeit bin ich endlich da. Der erste Eindruck ist überwältigend. Alles glänzt. Die riesigen goldenen Pagoden strahlen im Licht. Der Boden ist aus reinem Marmor.

Ich ziehe meine Schuhe aus und renne los. Fühle mich frei. Erkunde alles. Mache unermüdlich Fotos. Beobachte, wie die Menschen beten. Mönchsgesang ertönt. Immer wieder kommen kleine Kinder und wollen meine langen blonden Haare anfassen.

Mein Handy habe ich die ganze Zeit in der Hand. Ich versuche, die ganze Stimmung aufzunehmen, zu filmen.

Ein kleines Mädchen zieht mich zu einer Gebetsstelle und bittet mich, neben ihm Platz zu nehmen. Gesagt, getan. Ich sitze und beobachte durch meine Handylinse. Sehe, wie liebevoll alle miteinander umgehen. Die Stimmung ist magisch. Durch mein Handy sehe ich, dass ein älterer Mann mit Glatze auf mich zukommt. Ich blicke an ihm und seinem orangenen Gewand hoch. Er lacht mich liebevoll an und nimmt mir mein Handy aus der Hand.

Okay – und was nun? Ich bin etwas ängstlich und möchte mein iPhone wiederhaben. Irgendwie fühle ich mich nackt ohne das Gerät. Er legt mir anstelle meines Handys eine Kette mit kleinen weißen Kugeln in die Hand.

„Means luck. Enjoy the moment, reality is more important", sagt er in gebrochenem Englisch. Mein Handy legt er vor mir auf den Boden. Er macht mir verständlich, dass ich diese besonderen Momente, die Realität, genießen soll.

Es stimmt, ich genieße den Moment ohne Handy, und urplötzlich fühle ich eine tiefe Dankbarkeit. Ab jetzt mache ich Fotos mit meinem Auge und sammle die Momente in meiner Seele. Seit Myanmar habe ich nicht mehr das Gefühl, ständig etwas zu verpassen. Ein gutes, wichtiges, lebensveränderndes Gefühl!

Neulich habe ich ein Zitat von Francis Bacon gelesen: „Nicht die glücklichen Menschen sind dankbar, sondern die dankbaren sind glücklich."[81] Es beschreibt ganz gut, dass wir erst mal anfangen müssen, dankbar zu sein, um voll und ganz glücklich zu werden.

Wir haben es schlichtweg verlernt, dankbar zu sein. Vieles um uns herum wissen wir nicht mehr richtig zu schätzen. Besonders meine Generation hat es oft verlernt, Dankbarkeit für das, was wir haben, zu empfinden.

Wir schauen durch unsere Handys, machen Fotos und vergessen zu oft, den Moment, die Gegenwart in vollen Zügen zu genießen.

Seit der Begegnung mit dem Mönch von Myanmar versuche ich, mein Handy bewusster zu nutzen und immer wieder digitale Pausen einzulegen. Inzwischen habe ich sogar einen Social-Media-Timer eingestellt, der mir mitteilt, wenn ich länger als eine halbe Stunde auf Instagram verbracht habe.

Digital Detox. Doch was bedeutet das eigentlich konkret? Digital Detox ist eine digitale Entgiftungskur bzw. ein digitaler Entzug. Immer mehr Menschen probieren diesen Trend aus und trennen sich für eine bestimmte Zeit vom Internet und der digitalen Welt. Denn egal, wo man sich befindet, ob in einem Restaurant, auf einem Konzert oder an der Bushaltestelle, überall beschäftigen sich die Menschen mit ihrem Smartphone.

Erschreckend wird es vor allem, sobald sich Paare gegenübersitzen und statt miteinander mit ihrem Smartphone kommunizieren.

Kürzlich erst habe ich so ein Pärchen in einem Restaurant beobachtet. Den ganzen Abend saßen sie sich gegenüber und starrten auf die Handys. Vielleicht, weil wir in der schnelllebigen Welt immer und überall erreichbar sein wollen. Wir verspüren konstant den Drang, nichts verpassen zu dürfen. Es gibt einen Fachbegriff dafür: The fear of missing out.

Doch durch diese ständige Erreichbarkeit verpasst man oftmals die wirklich wichtigen Dinge. Apps zeigen auf, wie lange man pro Tag im Netz und den sozialen Netzwerken verweilt. Da ist es schon erschreckend, wenn einem im Durchschnitt vier Stunden angezeigt werden. Zahlreiche Studien belegen, dass Smartphones einen schlechten Einfluss auf uns, unsere Partnerschaften, unsere Glücksgefühle und unsere Arbeit haben.

Ein paar der Fakten, die mich zum Umdenken bewegten:

1. Durchschnittliche Smartphone-Nutzer bekommen 63,5 Benachrichtigungen am Tag.[82]
2. Eine amerikanische Studie hat gezeigt, dass die Nutzer ihre Smartphones 115-mal am Tag kontrollieren.[83]
3. Eine andere Studie belegt, dass Smartphones genutzt werden, sobald Langeweile aufkommt. Also anstatt seine Umgebung zu erkunden, die Menschen dort wirklich wahrzunehmen oder ein Buch zu lesen, nehmen wir lieber unser Smartphone zur Hand und entgleiten der Realität.[84]

Ich selbst lege seit meiner Reise nach Myanmar alle ein, zwei Wochen einen Social-Media-freien Tag ein. Meistens am Sonntag. Zu Beginn war es für mich sehr schwierig, einen ganzen Tag auf mein Handy zu verzichten, doch mittlerweile ist mir die Zeit in der Realität mit meinen Freunden viel wichtiger.

Die negativen Auswirkungen eines übertriebenen Medienkonsums können bis heute nur erahnt werden. Durchschnittliche Smartphone-User schauen 115-mal am Tag aufs Handy, bei mir waren es zeitweise bestimmt 200-mal. Jetzt bin ich stolz, dass es nur noch ca. 60-mal ist.

Digital Detox bedeutet nicht, dass man nicht mehr über sein Handy kommunizieren soll. Es geht nicht darum, die sozialen Netzwerke wie Facebook, Instagram, Twitter, WhatsApp und Co. zu meiden, sondern primär um eine bewusste Nutzung der Medien und des Handys.

Den Zeitrahmen des Digital Detox kann jeder für sich selbst festlegen. Man kann es zum wöchentlichen Ritual machen, zum Beispiel jeden Sonntag sein Handy nicht zu benutzen. Man kann es für eine Woche, einen Monat oder sogar für ein Jahr machen.

So gesehen gibt es im Digital Detox auch keine wirklichen Regeln. Man entscheidet selbst, wie man bewusst mit den sozialen Medien umgeht und was einem guttut.

Von der verbleibenden Zeit meines Drehs auf dem *Traumschiff* gibt es übrigens nur sehr wenige Bilder. Mein Handy blieb die meiste Zeit über auf dem Zimmer. Aber ich trage die Erinnerungen an Myanmar in meinem Herzen. Und die Begegnung mit dem Mönch in der Pagode hat mein Leben nachhaltig zum Positiven verändert.

Heute bin ich mir sicher: Glück entsteht, wenn wir unser Handy beiseitelegen.

Das heißt nicht, dass es keine Tage mehr gibt, an denen ich sehr viel am Handy bin. Zwischendurch muss ich aber immer wieder an die Zeit in Myanmar zurückdenken. Dann lege ich mein Handy mit einem kleinen Lächeln auf den Lippen zur Seite.

Notiz an uns selbst:

- ∞ **Digital Detox** ist wichtig.
- ∞ Mehr **digitale Pausen** einlegen.
- ∞ **Besondere Momente** machen glücklich.
- ∞ **Dankbar** sein.

Teil 3

Das Geheimrezept
Pretty Happy

So gelingt *Pretty Happy*

„Für mich verkörpert eine freundliche, liebenswerte Person Schönheit. Menschen, die fröhlich sind, strahlen diese Art von Schönheit aus. Selbst die schönste, schlankeste Person verliert für mich ihre Schönheit, wenn sie ein unehrliches, gemeines Wesen besitzt."

Georgia May Jagger

Ein Kumpel von mir hat es einst vortrefflich zusammengefasst: „Ach weißt du, ich liebe meine Freundin eigentlich vor allem für ihre Schwächen. Die Dinge an ihr, die mir nicht gefallen. Die mich stören und dann und wann sogar zur Weißglut bringen. Komisch, oder?" So absurd ist das gar nicht.

Perfekt ist langweilig. Menschen mit Ecken und Kanten hinterlassen hingegen Eindruck. Sie fesseln ihr Umfeld und inspirieren uns. Auch Liebe entsteht nicht durch Schönheit, sondern durch Einzigartigkeit.

Warum also verspüren wir den Drang, makellos zu sein? Warum filtern wir unsere Bilder bis zur vermeintlichen Perfektion, sehnen uns nach dem puppenhaften Instagram-Look, obwohl die Anerkennung, die wir suchen, doch im Unvollkommenen liegt? Warum sehnen wir uns danach, als perfekt und funktionierend wahrgenommen zu werden? Ist das wirklich der Weg zu einem erfüllten Leben?

Lernen wir endlich, unsere Einzigartigkeit zu zelebrieren, anstatt so sein zu wollen wie jemand anderes! Akzeptieren wir unsere Schwächen! In ihnen liegt unsere ganz eigene Perfektion und unsere Persönlichkeit.

Nehmen wir mich selbst. Mich bezeichnen Menschen bei der ersten Begegnung bestenfalls als aufgeweckt, lebendig und meinungsstark. Schlimmstenfalls als zu laut, zu forsch, zu ambitioniert. Insgesamt ist meine Art den meisten zu viel des Guten. Als Jugendliche hat mich das gestört. Ich habe konstant versucht, mich anzupassen, mich zurückzunehmen. Den anderen zu gefallen. Auch heute passiert mir das noch ab und zu.

Zuletzt, als ich Gast in einer Talkshow war. Am Ende der Aufzeichnung haderte ich mit meinem Auftritt. Ich hatte das Gefühl, zu viel und vor allem zu laut gesprochen zu haben. Mal wieder. Außerdem hingen mir meine Haare ins Gesicht. Geplagt von Selbstzweifeln, fragte ich DJ und Weltstar Felix Jähn, wie er meinen Auftritt fand. Auch er war als Gast in der Show gewesen.

Seine Reaktion: „Du warst doch du selbst, oder nicht? Dann ist es gut so, wie es war.“

Er hatte recht. Denn ich will, im Gegensatz zu meinem jüngeren Ich, sowieso nicht von jedem gemocht werden. Klingt trotzig, ist aber heilsam. Das Verrückte ist, seit ich selbst nur noch in Ausnahmefällen mit meiner äußerst extrovertierten Art hadere, komme ich bei meinem Umfeld wesentlich besser an. Vermutlich, weil mein Selbstbewusstsein nicht gespielt, sondern real ist.

Es ist ganz normal, an sich selbst zu zweifeln. Wir alle tun das. Sei es, weil unsere Hautunreinheiten uns stören, uns die Liebe unseres Lebens ignoriert, die Tochter des Mannes, den wir lieben, uns nicht akzeptiert, die Chefin eine verdammt blöde Kuh ist oder weil wir uns danach sehnen, ein anders Leben zu leben. Ein besseres, vermeintlich farbenfroheres.

Doch um *Pretty Happy*, ziemlich glücklich, zu werden, müssen wir beginnen, uns so zu akzeptieren, wie wir sind. Und das Beste aus unseren Möglichkeiten herauszuholen. Es ist ein langer, anstrengender Prozess, aber es gibt verschiedene Methoden, die uns auf unserem Weg zur Selbstliebe fernab des Schönheitswahn helfen können.

Schritt 1: die Sache mit der Selbstliebe

„Sich selbst zu lieben ist der Beginn einer lebenslangen Romanze."

Oscar Wilde

Stundenlang stehen wir vor dem Spiegel, drehen uns Locken, zwängen uns in unsere engste Jeans, leihen uns Oberteile von Freundinnen, um bloß nicht immer dasselbe zu tragen, nehmen schmerzende Füße nach endlosen Kilometern auf High Heels in Kauf und schminken uns schmalere Nasen und breitere Münder. Aber wofür das Ganze? Für uns? In den meisten Fällen eher nicht.

Wir denken, wenn wir uns schön machen, findet uns das andere Geschlecht attraktiver. Aber sollten wir nicht lieber anfangen, uns von solchen Vorstellungen freizumachen?

In erster Linie geht es doch darum, dass wir uns wohlfühlen und mit uns selbst im Reinen sind. Es klingt wie eine Plattitüde, doch wenn wir uns nicht selbst lieben, dann kann das auch kein anderer für uns übernehmen. Und wir können ebenso niemanden anderen lieben.

Wir können uns zwar hinter einer Fassade aus Schminke verstecken, doch das wird uns nur noch unglücklicher machen. Oftmals sind wir deswegen unermüdlich auf der Suche nach

Dingen, die uns suggerieren, durch sie glücklich zu werden. Wir müssen von der krampfhaften Vorstellung loskommen, Glück mit Schönheit, Partnerschaft und Erfolg zu verknüpfen. Zu oft sind wir so sehr auf unser Aussehen, unsere Partnerschaft oder das Glück an sich fokussiert, dass wir dabei uns selbst vergessen. **Lange habe ich gedacht, mit meinen Unsicherheiten und Selbstzweifeln alleine zu sein. Doch als ich anfing, über meine Gedanken zu sprechen, merkte ich plötzlich, dass es vielen anderen Frauen ganz ähnlich ergeht.**

Ich habe mit den unterschiedlichsten Frauen gesprochen, von der Bankkauffrau über eine alleinerziehende Verkäuferin bis hin zur Hebamme. Dabei bemerkte ich, dass diese Gespräche mir im Gegensatz zum oberflächlichen Smalltalk guttun.

Frauen wie du und ich, die mitten im Leben stehen und doch auf ihre eigene Art ganz verschieden sind, sie alle haben eines gemein: Sie zweifeln. An sich, an ihrem Aussehen, an ihrer Wirkung auf Männer. Daran, dass sie nicht gut genug sind.

Fünf Geschichten haben sich bei mir ganz besonders eingebrannt. Fünf Frauen, die um jeden Preis eine glückliche Beziehung führen und ihrem Lebensgefährten gefallen wollten. Genau dadurch wurden sie aber jedes Mal enttäuscht. Immer wieder. Vielleicht, weil sie sich für ihren Partner verändert oder sich verstellt haben. Vielleicht, weil sie einfach nicht mehr sie selbst waren.

Begebenheit 1: Schminke am Morgen vertreibt Kummer und Sorgen?

Jenny, 29 Jahre

Zwei Monate habe ich einen Typen gedatet, dann stand die erste Übernachtung an. Ich machte mich völlig verrückt. Da ich mich selbst zu dieser Zeit ungeschminkt nicht wirklich hübsch fand, tüftelte ich also an einem Plan, wie ich geschminkt ungeschminkt aussehen konnte. Ich schaute mir dutzende YouTube-Tutorials an.

Im Anschluss kaufte ich mir falsche Wimpern und die angepriesenen Make-up-Produkte. Der Abend meines Grauens kam und es war an der Zeit, mich abzuschminken, die Maske fallen zu lassen. Ganze 15 Minuten lang verschwand ich im Badezimmer und fing an, wie wild alles aus meiner Kosmetiktasche zu kramen.

Ich habe mich also abgeschminkt und dann getreu dem You-Tube-Tutorial das ungeschminkte Make-up wieder aufgelegt, die Wimpern geklebt, Rouge und etwas Lipgloss aufgetragen. Ich wollte ihm so sehr gefallen, dass ich mich wirklich vor dem Schlafengehen wieder geschminkt habe. Ich hatte panische Angst, dass er mich nicht mehr mag, wenn ich kein Make-up mehr draufhabe und er mein wahres Ich sieht.

Am nächsten Morgen habe ich mir den Wecker auf sechs Uhr gestellt. Er hat ihn zum Glück nicht gehört und weitergeschlafen. Ich habe mich ins Badezimmer geschlichen, meine Zähne geputzt, mich abgeschminkt und anschließend wieder neu fertig gemacht. Anschließend habe ich mich dann zurück ins Bett gelegt. Warum? Um morgens perfekt neben ihm aufzuwachen.

Als wir dann beide später aufwachten, habe ich für meine Aktion die Retourkutsche bekommen. Mein ganzes Kopfkissen war voller Make-up und die Wimpern lagen überall verteilt. Heute weiß ich, wie bescheuert ich war, ihm um jeden Preis gefallen zu wollen. Die Ironie an der Geschichte: Er fand mich ohne Make-up viel schöner als mit der dicken Schicht brauner Paste und den falschen Wimpern.

Fall 2: Rundumerneuerung für den Partner

Saskia, 31 Jahre

Ben und ich kannten uns zehn Wochen, da merkte ich, worauf er bei Frauen Wert legt. Sein Beuteschema: Frauen mit Tattoos, gemachten Brüsten, langen Haaren und dicken Lippen. Sukzessiv veränderte ich also mein Erscheinungsbild, um ihm zu gefallen.

Ich ließ mir drei Tattoos stechen, eines davon sogar mit ihm, unterzog mich einer qualvollen Brustoperation, verlängerte mit Extensions die Haare und ließ mir mit Hyaluronsäure die Lippen aufspritzen. Ben und ich blieben nur ein Jahr zusammen. Heute bereue ich jede Veränderung. Schmerzhaft habe ich gemerkt, dass es nicht gesund ist, sich für jemanden so sehr zu verändern. Ich habe seine Anerkennung gesucht und mich letztendlich Stück für Stück selbst verloren.

Fall 3: die Liebes-Bubble

Lisa-Marie, 24 Jahre
Die ersten sechs Monate schwebten Lukas und ich auf Wolke sieben. Kein Blatt passte zwischen uns und immer öfter musste ich mir von Freundinnen anhören, ob ich nicht auch mal etwas ohne ihn machen könne. Auch in den folgenden drei Jahren änderte sich nichts. Meine Freundinnen sah ich kaum noch. Ständig hockten wir zu zweit aufeinander. In unserer Bubble.
Dann zerbrach unsere Beziehung. Und meine Freundinnen? Waren sofort zur Stelle. Ich schämte mich, die letzten Jahre so eine schlechte Freundin gewesen zu sein. Heute würde ich meine Freundinnen niemals wieder so vernachlässigen, wenn ich in einer Beziehung bin. Denn schlussendlich vernachlässigte ich mich mit meinem Verhalten selbst.

Fall 4: die Zahnpasta-Freundin

Bea, 26 Jahre
In meiner letzten Beziehung war ich eine echte Zahnpasta-Freundin. Man konnte mich schon fast als Mami-Ersatz für meinen Partner bezeichnen. Ich machte ihm sein Frühstück, kochte für ihn nach der Arbeit, putzte die Wohnung, wusch seine Wäsche und kaufte die Geschenke für seine Freunde. Das Schlimmste aber war, ich drückte ihm zweimal täglich Zahnpasta auf seine

Zahnbürste. Spaß machte mir das alles keinen. Aber ich wollte ihm gefallen und unbedingt die perfekte Freundin sein. Dabei bemerkte ich nicht, dass ich mich selbst aufgab.

Heute verliere ich mich nicht mehr in einer Beziehung. Ich mache, was mir Freude bereitet, und nicht mehr, womit ich glaube, meinem Partner zu gefallen.

Fall 5: Geld über Liebe

Sabrina, 35 Jahre

Ich war acht Jahre lang mit Björn zusammen. Nach vier Jahren bin ich aus meinem Ein-Zimmer-Apartment in sein Haus gezogen und lebte in Saus und Braus. Kein Vergleich zu meiner kleinen, süßen Wohnung.

Die letzten sechs Monate unserer Beziehung spürte ich, dass etwas anders war, und fand heraus, dass er fremdging. Doch obwohl ich es wusste, blieb ich bei ihm. Warum? Es war der Luxus, der mich hielt. Ich hatte mich an den hohen Lebensstandard meines Exfreundes gewöhnt, diesen genossen und, um ihn zu halten, alles mit mir machen lassen.

Heute schäme ich mich dafür. Sein Fremdgehen hat mich unglücklich gemacht. Der Preis, den ich zahlte, war zu hoch. Mittlerweile wohne ich wieder in einem Haus. Der Unterschied zu damals? Ich habe es mir selbst finanziert und bin unabhängig. Fühlt sich viel besser an!

Das Resultat: Lerne dich selbst zu lieben!

Manche Frauen machen sich hübsch, um von Männern begehrt zu werden. Andere bleiben mit jemandem aus reiner Bequemlichkeit zusammen. Und manch eine Frau gibt sich völlig für ihren Partner auf.

Doch warum sind wir so verzweifelt auf der Suche nach Bestätigung? Warum suchen wir stets die Anerkennung von

außen? Müssen wir nicht lieber daran arbeiten, uns selbst zu lieben?

Diese fünf protokollierten Geschichten zeigen nur zu gut, dass es nichts bringt, sich seines Partners wegen zu verstellen oder gar zu verbiegen. Wichtiger und vor allem nachhaltiger ist es, authentisch zu sein. Denn was nicht echt war, kann auch nicht echt werden. Nur wenn wir unsere eigenen Bedürfnisse kennen und diese auch befriedigen, können wir uns selbst treu bleiben.

Eines ist sicher: Fünf Kilo weniger machen dich nicht glücklicher, mehr Make-up macht dich nicht schöner und eine Schönheitsoperation nicht selbstbewusster. Vor allem ist das weltbekannte Zitat von Jerry Maguire „You complete me" schlicht und ergreifend falsch. Wir müssen uns selbst lieben!

Für mich selbst war der Weg zur Selbstliebe lang, hart und steinig. Besser formuliert: Meine letzten Jahre waren brutal, gefüllt mit Unsicherheiten, Selbstzweifeln und Ängsten. Es war ein anstrengender Kampf, den ich mit mir selber austrug. Ich habe mich ständig verglichen und gleichzeitig versucht, mich zurückzunehmen, damit andere leuchten konnten. Social Media hat meine Zweifel und Ängste jeden Tag aufs Neue befeuert. Ich habe über mein Gewicht, meinen Stil und mein Make-up geurteilt. Habe mich emotional von einem Partner abhängig gemacht. Mir die Bestätigung von außen gesucht und mich am Ende selbst verloren.

Viele Jahre lang war ich einfach nur unglücklich und unermüdlich auf der Suche nach Anerkennung und Liebe, anstatt anzufangen, die Selbstzweifel von mir abzustreifen, um mich endlich selbst lieben zu können.

Wir wissen nun, Selbstliebe ist einer der wichtigsten Schritte, um *Pretty Happy* zu werden. Aber wie funktioniert das? Und was bedeutet dieses sperrige Wort eigentlich? Selbstliebe ist die uneingeschränkte, bedingungslose Liebe, die wir für uns selbst empfinden. Um uns selbst lieben zu können, müssen wir Schönheit von Glück entkoppeln. Und uns in keine Abhängigkeiten begeben, egal, ob finanziell oder emotional. Nur wenn wir uns selbst genug sind, sind wir schlussendlich frei. Und unsere Freiheit ist das größte Gut, das wir besitzen.

Das ist natürlich leichter gesagt als getan, aber es ist wichtig, sich dessen bewusst zu werden. Denn die Erkenntnis darüber ist der erste Schritt in ein neues, selbstbestimmtes, freies Leben mit weniger Selbstzweifeln. Durch unsere schnelllebige Welt haben wir anhaltend das Gefühl, etwas zu verpassen. Wir halten uns Türen offen und warten beständig drauf, dass etwas noch Besseres hereinspaziert kommt.

Doch anstatt unser ganzes Leben auf dem Flur zu verbringen, sollten wir uns für eine Tür entscheiden und unser Leben selbst in die Hand nehmen.

Und das unabhängig von einem Mann. Anstatt unermüdlich auf der Suche nach einem Partner oder Bestätigung zu sein, sollten wir uns darüber klar werden, dass wir keinen Partner brauchen, der uns komplimentiert. Ich bin mir sicher, wenn wir uns erst einmal selbst lieben, kommt der Mensch fürs Leben von ganz allein. Dann sind wir unabhängig und offen für das große Glück. Wir vergessen oftmals, wie wichtig es ist, sich auf sich selbst zu konzentrieren und sogenannte Me-Times einzulegen.

Wie wäre es zum Beispiel, wenn du dich mal einen Abend lang selbst datest? Klingt verrückt und egoistisch? Genau das soll es auch sein! Egoismus ist dann und wann lebensrettend. Es ist Zeit, dich wieder voll und ganz auf dich zu konzentrieren und dich nicht von irgendwem abhängig zu machen.

Natürlich wäre es utopisch zu behaupten, wir hätten die allgemeingültige Formel für Selbstliebe und *Pretty Happy* gefunden.

Haben wir nicht. Und natürlich ist es mit ein paar Schlammmasken, Bädern, Kerzen und einem guten Buch nicht getan. Es geht lediglich darum, uns etwas Gutes zu tun, um ein Bewusstsein zu schaffen. Ein Bewusstsein darüber,

wer wir sind,

was wir können

und wohin wir wollen.

Der Weg der Selbstliebe ist steinig, aber er ist möglich, und zwar für jede von uns. Ich habe durch viele prägende und auch schmerzvolle Geschichten lernen müssen, was es heißt, sich selbst zu lieben. Der Grund, warum wir unsere ganz persönlichen Geschichten mit allen Höhen und Tiefen in diesem Buch mit dir teilen? Weil wir dir zeigen wollen, dass du nicht alleine bist. Ich habe schon so viele Stunden an mir gezweifelt und weiß, was es heißt, sich selbst nicht genug zu sein. Heute weiß ich, wie wichtig es ist, ein liebevoller, ehrlicher Mensch zu sein, Wertmaßstäbe zu haben und sich so zu akzeptieren, wie man ist.

Wir können es nicht oft genug wiederholen: Die Menschen in deinem Umfeld werden sich am Ende des Tages nicht daran erinnern, wie hübsch man war, sondern was wir sie haben fühlen lassen. Ich möchte dieses Kapitel mit einem Zitat des großartigen Autors Veit Lindau schließen, das dir zeigen soll, nicht von anderen abhängig zu sein und deine eigene Königin zu werden.

„Die Wahrheit ist, dass dir niemand eine Beziehung, Aufmerksamkeit oder Liebe schuldet. Es gibt nirgendwo ein universelles Gesetz, das jemanden verpflichtet, für dich und mit dir zu sein." [85]

Du bist einzigartig, kostbar und verdienst es, mit Menschen zusammen zu sein, die wirklich DICH meinen. Die deine Anwesenheit ehren, indem sie sich voller Freude auf dich einlassen. Es gibt diese Menschen und du wirst sie finden, wenn du aufhörst, zu betteln und zu ziehen.

Fordern ist nicht sexy. Auch Bedürftigkeit ist unsexy. Verkneif es dir. Erinnere dich an die Königin in dir und lade voller Würde andere Menschen auf deinen Lebensweg mit ein. Wie Veit Lindau es so wunderbar formuliert: „Die, die eh schon auf dich warten, werden kommen, wenn du dein Leuchten frei zeigst."[86]

Notiz an uns selbst:

∞ Bringe dich nicht in emotionale **Abhängigkeiten**.
∞ Fange an, dich selbst zu **lieben**.
∞ Finde die **Königin** in dir.
∞ Was nicht **echt** war, kann auch nicht echt werden.

Dein eigener Kasten der Selbstliebe

Wie weit bist du auf deinem Pfad der Selbstliebe? Bist du schon am Ziel angekommen? Gibt es Verbesserungsbedarf? Und wann hast du das letzte Mal etwas ausschließlich für dich selbst getan?

_____

_____

_____

_____

_____

Schritt 2: Werde deine eigene Cheerleaderin

„Achte auf deine Gedanken, denn sie werden Worte, achte auf deine Worte, denn sie werden Handlungen, achte auf deine Handlungen, denn sie werden Gewohnheiten, achte auf deine Gewohnheiten, denn sie werden dein Charakter, achte auf deinen Charakter, denn er wird dein Schicksal."

Charles Reade

Wie oft denkst du etwas Negatives über dich? Wertest dich selbst ab? In meinem Fall war das sehr oft der Fall. Zu oft. Anstatt meine größte Kritikerin zu sein, muss ich damit beginnen, meine größte Cheerleaderin zu werden. Die Cheerleaderin meines Lebens.

Was machen wir, wenn unsere beste Freundin Selbstzweifel hat? Ganz klar, wir versuchen mit allen Mitteln, sie aus diesem Loch zu holen. Reden ihr positiv zu. Sind für sie da. Motivieren sie. Warum tun wir das nicht auch mit uns selbst? Würden wir mit uns so sprechen wie mit unserer besten Freundin, wären wir ein ganzes Stück glücklicher. Davon bin ich überzeugt.

Es ist grundsätzlich nicht schlecht, sich selbst auch mal kritisch gegenüberzustehen und bestimmte Sachen zu hinterfragen.

Denn konstruktive Kritik lässt uns wachsen und reifen. Aber bei unserer Selbstkritik sollten wir Sätze wie „Ich schaffe das nicht!" in Sätze wie „Ich schaffe das!" umformulieren. Uns selber mehr zutrauen. Das ist wichtig für unser eigenes Wohlbefinden. Unser Gehirn ist so programmiert, dass es, wenn es negative Sätze oft genug hört, diese adaptiert. Dabei können wir unser Gehirn mit einfachen Kniffen trainieren und beeinflussen, also quasi umprogrammieren. Fünf Schritte, mit denen wir uns immer wieder selbst motivieren und antreiben können:

1. Verantwortung

Im ersten Schritt ist es wichtig, selbst Verantwortung zu übernehmen und gnadenlos ehrlich zu dir selbst zu sein.

Hör auf, dich immer nur als Opfer zu sehen. Gemäß dem Sprichwort „Du bist, was du isst", bist du auch, was du denkst.

Stell dir die folgenden Fragen:
◊ **Wo stehe ich aktuell?**
◊ **Wo will ich hin?**

Bevor wir weitermachen: Akzeptiere, was ist! Deine Art zu denken beeinflusst deine Erfolge wie deine Misserfolge. Nimmst du die Situation also voll an, wird es einfacher für dich, mit negativen Gedanken oder Rückschlägen umzugehen. Oder wie der Diplompsychologe und Verhaltenstherapeut Jens Corssen sagt: „Die Situation ist mein Coach und ich bin sein Schüler."[87]

2. Bewusstsein

Nachdem du Verantwortung für dich selbst übernommen hast, werde dir darüber bewusst, wer du bist und was du kannst. Was du bis zum heutigen Tag alles geschafft oder welche Situationen du schon überstanden hast.

◊ Wie denke ich über mich selbst?

◊ Welche Erwartungen habe ich an andere oder auch an mich?

◊ Was hindert mich daran, meine Ziele zu erreichen?

Bevor wir weitermachen, möchte ich dir die Frage stellen, was deine eigenen Werte sind. Oftmals reden wir von Werten, doch wissen wir wirklich, was damit gemeint ist? Die Wortbildung finden wir zum ersten Mal im alten Griechenland, hier besser bekannt als „Axio". Philosophen definierten später daraus die Axiologie, „die Lehre von Werten"[88]. Wertvorstellungen sind erstrebenswerte, moralische oder ethische Wesensmerkmale. Es geht dabei um Charaktereigenschaften und Denkmuster.[89]

Hier einmal eine kleine Liste von Werten:

Selbsterkenntnis, Humor, Familie, Erfolg, Minimalismus, Risikobereitschaft, Liebe, Ästhetik, Romantik, Weisheit, Vertrauen, Abenteuer, Moral, Mut, Disziplin, Frieden, Sport, Toleranz, Selbstwert, Lebensfreude, Integrität, Kreativität, Freundschaft, Fürsorge, Leistung.

Du siehst also, Werte können ganz unterschiedlich sein und auch nur teilweise auf dich zutreffen. Und wir stellen fest: Die eigene Optik ist keiner der aufgeführten Werte.

An dieser Stelle steht dein eigener Wertekasten. Mit welchen identifizierst du dich? Was ist dir wichtig, oder besser gefragt: Was sind deine Werte?

_____

_____

_____

_____

_____

_____

Jetzt, wo du deine Werte kennst, kehren wir zum Bewusstsein zurück. Oftmals beeinflussen unsere Gedanken unsere Konzentration auf die Gegenwart. Störgedanken und Unsicherheit verhindern, dass wir unser Potenzial voll ausschöpfen. Wenn du dir oft genug sagst, dass du etwas nicht schaffen wirst, wirst du es vermutlich auch nicht schaffen. Mit der Zeit glaubt dir dein Gehirn und speichert es ab. Du wirst zu dem, was du denkst.

Deswegen ganz wichtig: „Glaube nicht alles, was du denkst!" Werde dir bewusst darüber, was da oben vor sich geht und was du denkst. Vor allem auch, warum du diesen Gedanken in diesem Augenblick hegst. Oftmals haben wir zum Beispiel schlechte Erfahrungen gemacht und Versagensängste entwickeln sich. Die Folge ist, wir limitieren uns selber.

Das Problem mit der Erfahrung ist, dass wir daraus oftmals Erwartungen ableiten. Werden diese Erwartungen bzw. Vorstellungen nicht erfüllt, sind wir enttäuscht. Warum? Weil wir einen Anspruch an die kommende Situation haben. Stellen wir uns einmal vor, du hast dir viel Mühe gemacht und zum Geburtstag einer Freundin ein Geschenk ausgesucht, es für teuer Geld gekauft und anschließend liebevoll verpackt. Sie packt es aus und sagt, dass es ihr nicht gefällt. Was passiert? Wir sind maßlos enttäuscht. Wieso? Weil wir Freude und Dankbarkeit erwartet haben, aber keine Ablehnung. Ebenso ist es, wenn uns ein Freund nicht zum Geburtstag gratuliert, die Bahn nicht pünktlich kommt oder es regnet, obwohl doch Sonnenschein vorhergesagt war.

Wenn wir jedoch gar nicht erst überzogene Erwartungen an Personen oder Situationen stellen, fällt es uns leichter, mit Rückschlägen umzugehen. Um es mit den Worten Hamlets zu sagen: „An sich ist nichts weder gut noch böse; das Denken macht es erst dazu."[90] Aus diesem Grund solltest du dich frei von deinen Vorstellungen, Gedanken und Erwartungen machen und stattdessen die Realität akzeptieren. Werde dir darüber bewusst, was du kannst und wer du bist, und vor allem: Sei offen für Situationen, mit denen du nicht gerechnet hast.

3. Vertrauen

Nachdem wir uns bewusst geworden sind, wie wunderbar einzigartig wir sind, heißt es nun, auf unsere Werte und Stärken zu vertrauen. Wir fangen an, unser Potenzial voll auszuschöpfen, und machen uns frei von Negativität. Wir stärken unser Selbstvertrauen.

Um nicht arrogant oder eingebildet zu wirken, machen wir uns oft kleiner, als wir eigentlich sind.

Natürlich geht es nicht darum, anderen zu erzählen, wie toll du bist, sondern es dir selbst klarzumachen. Werde deine eigene beste Freundin oder Freund und vertraue dir selbst. Deswegen ist hier Platz für all die wunderbaren Dinge, die dich ausmachen und die du kannst.

_____

_____

_____

_____

_____

_____

4. Überwindung

Um diese Stufe zu schaffen, müssen wir aus unserer Komfortzone ausbrechen. Wir müssen uns für gute Gedanken und für unser wahres Ich entscheiden. Die klassische Opferhaltung aufgeben und uns nicht mehr selbst bemitleiden. Ist das Leben gegen dich? Nein! Lebenskrisen sind immer Wahrnehmungskrisen.

Wir haben jetzt, in diesem Moment, die Macht, uns für gute Gedanken zu entscheiden. Fangen wir an, uns so zu lieben, wie wir sind, fern von jeglichen Schönheitsidealen. Erst wenn wir lernen, Schönheit von Glück zu entkoppeln, können wir anfangen, *Pretty Happy* zu werden. Denn das wahre Glück entsteht im Kopf, es nährt sich von deinen Gedanken.[91] Also lass uns damit starten: Denke genau jetzt drei positive Sätze!

5. Umsetzung

Der wichtigste und ganz sicher auch der schwerste Schritt ist die Umsetzung.

„Die Macht der Gewohnheit ist der härteste Klebstoff der Welt", sagt der Managementautor Reinhard K. Sprenger.[92] Genauso ist es. Gewohnheiten zu brechen und neue Routinen zu bekommen ist schwer. Sehr schwer. Und es dauert. Einer Studie des *European Journal of Social Psychology* aus dem Jahr 2009 zufolge vergehen 66 Tage, bis wir alte Gewohnheiten abgelegt und neue akzeptiert haben.[93]

Wie wäre es also mit einer Übung? Versuche, 66 Tage positive Vorstellungen über dich und dein Umfeld zu denken. Nach dieser Zeit hat sich unser Gehirn daran gewöhnt und positive Gedanken werden für uns zur Routine. Natürlich sind 66 Tage eine lange Zeit, aber wie schön wäre es, wenn wir danach einfach glücklicher wären und positiver über uns dächten. Am besten klebst du dir einen Zettel mit den Worten: „Ich schaffe es, positiv zu denken!", an deinen Badezimmerspiegel, an den Kühlschrank oder legst einen Zettel in dein Portemonnaie. So wirst du immer und immer wieder daran erinnert. Ich habe mir zum Beispiel eine tägliche Erinnerung in mein Handy eingespeichert.

Eins kann ich euch versprechen, hat man mit alten Gewohnheiten erst einmal gebrochen, wird positives Denken zum Selbstläufer. Plötzlich will und kann man nicht mehr anders.

Wir alle kennen es: Jemand lässt seine negative Stimmung an uns aus und wir sind traurig, fühlen uns angegriffen.

Deswegen hier eine weitere kleine Übung, um deine Stimmung zu heben. Die Lachübung von Vera F. Birkenbihl. Die Managementtrainerin und Sachbuchautorin hat der Welt eine einfache Anleitung zum Glücklichsein hinterlassen: lächeln.

„Jedes Mal, wenn Sie sich 60 Sekunden lang zwingen, den Mund zum Grinsen zu verziehen, denkt Ihr Körper, es ginge

Ihnen gut – und dann produziert Ihr Gehirn Freudehormone – aber man braucht 60 Sekunden am Stück – nicht zehnmal sechs Sekunden, das nützt nichts", so Birkenbihl.[94]

Durch die produzierten Endorphine fühlen wir uns innerhalb kürzester Zeit wieder glücklicher. Die Übung zeigt sehr gut, wie einfach wir unser Gehirn austricksen und manipulieren können. Wie schon oben erwähnt, sind Lebenskrisen Wahrnehmungskrisen. Also starte mit der Neuprogrammierung. Denn es heißt ja schließlich nicht umsonst, Lachen sei gesund und ansteckend. Also drei, zwei, eins – jetzt wird gelacht.

Verwandle deine Sätze. Wie du von dem Gedanken loskommst, unbedingt schön sein zu müssen.

Eine dritte und letzte Übung. Wie wäre es damit, Sätze zu verändern und das Positive zu betonen? Dich selbst zu lieben. Fokussiere dich auf die schönen Dinge. Hier ein paar Beispiele:

◊ Anstatt: „Ich habe Augenringe", besser: „Ich habe eine schöne Augenfarbe."
◊ Anstatt: „Ich habe zu breite Hüften", besser: „Ich habe tolle Kurven."
◊ Anstatt: „Ich habe kleine Brüste", besser: „Ich habe schöne Brüste."

Lerne, dich selbst zu lieben, indem du deine Gedanken kontrollierst. Gewinne selbst wieder die Macht darüber.

Denn wie Marc Aurel sagt: „Die Seele nimmt mit der Zeit die Farbe unserer Gedanken an."[95] Dementsprechend müssen wir anfangen, uns mit unseren Problemen auseinanderzusetzen, und uns ganz bewusst für das Gute entscheiden. Für das Glück.

Der schlimmste Feind im Leben ist übrigens die Routine. Vor allem die Routine der Gedanken. Sollte diese eintreten, ist es Zeit, etwas daran zu ändern. Seine eigenen gedanklichen Abläufe auf den Prüfstand zu stellen. Begib dich also auf die Achterbahn des Lebens. Entkopple die Schönheit vom Glück und du wirst gewinnen. Versprochen.

Notiz an uns selbst:

∞ Kümmere dich um deine **Gedanken.**

∞ **Glaube nicht alles, was du denkst.**

∞ Versuche, mit den fünf Schritten die **Kontrolle** über deine Gedanken zu bekommen.

∞ Wandel deine Gedanken in etwas **Positives.**

Schritt 3: *Pretty Happy* trifft auf Hygge

„Hygge is about an atmosphere and an experience, rather than about things. It is about being with the people we love. A feeling of home. A feeling that we are safe, that we are shielded from the world and allow ourselves to let our guard down."

Meik Wiking

Warum sind die Skandinavier so glücklich, obwohl sie ständig schlechtes Wetter haben?

Das Glück wohnt in Nordeuropa. Dem *World Happiness Report 2017* der Vereinten Nationen zufolge leben in Dänemark die glücklichsten Menschen, dicht gefolgt von Norwegen und Island.[96] Doch was ist das Glücksgeheimnis der nordischen Länder? An besonders vielen Sonnenstunden kann es nicht liegen. Vieles deutet dagegen auf „Hygge" hin, ein Lebensgefühl, das bei den Skandinaviern zur nationalen Identität gehört und in den letzten Jahren auch bei uns in Deutschland zum Trend geworden ist.

Hygge soll zu einem guten Leben beitragen. Die Lebensqualität, das Genießen des Moments steht im Vordergrund. Das Wort stammt ursprünglich aus dem Norwegischen und bedeutet so viel wie „Wohlbefinden" oder „Gemütlichkeit"[97]. Doch Hygge geht viel tiefer, als nur „ein gemütliches Leben zu führen". Es findet sich in Themen wie Schönheit, Kleidung, Persönlichkeitsentwicklung, Essen und Trinken wieder. All das, was uns in unserem Leben ziemlich glücklich oder besser gesagt „pretty happy" zu werden hilft. Hygge-Experte Meik Wiking definiert es in seinem Buch *Hygge – Ein Lebensgefühl, das einfach glücklich macht* als „eine Kunst der Innigkeit", als die Gemütlichkeit der Seele und die Abwesenheit jeglicher Störfaktoren sowie die Freude an der Gegenwart beruhigender Dinge, dem gemütlichen Beisammensein und – seinem persönlichen Favoriten – Kakao bei Kerzenschein.[98]

Damit steht Hygge im direkten Zusammenhang mit Selbstliebe und wie man es schafft, die beste Version von sich selbst zu werden. Unnötiger Stress soll dabei zur Seite geschoben werden.

Hygge ist in seiner kleinsten Form auch ein Stück weit Meditation. Wie wäre es also, mal ganz bewusst diese Gemütlichkeit in dein Leben zu lassen und die Momente bewusst zu leben? Bei mir selbst begann die Liebe zu Hygge vor zwei Jahren. Durch eine Freundin aus Norwegen bin ich das erste Mal mit dem Lebensgefühl in Berührung gekommen.

Ich mag die Art, wie sie stets über das Leben spricht. Immer wieder geht es ihr darum, Momente bewusst zu leben und vor allem das eigene Leben voll auszukosten. Nach der Frage, wie für sie ein perfekter Tag im Sinne des Hygge-Konzepts aussieht, entgegnet sie: „Es regnet in Strömen. Ich mache mir Kerzen an, suche mir eine spannende Serie heraus und lese ein Buch. Ich esse ein paar Stückchen meiner Lieblingsschokolade, lasse sie auf der Zunge zergehen. Schalte mein Handy in den Flugmodus und genieße einfach den Moment."

Wow, denke ich mir. Das nenne ich mal Optimismus an regnerischen Tagen. Ich selbst habe bei Regen meist schlechte Laune. Vielleicht sollte ich auch mal ein bisschen Hygge in mein Leben bringen! Gesagt. Getan.

Meine persönliche Hygge-Erfahrung beginnt an einem Freitagabend. Ich sitze allein in meiner Wohnung – und bin glücklich. Sonst bin ich an einem Freitag nie alleine, fast immer unterwegs mit meinen Freunden. Auch an diesem Abend fragen mich meine Freunde, ob ich noch mit ihnen durch die Düsseldorfer Bars ziehe. Ich verneine, denn heute ist mein Hygge-Abend. Ich hätte ein Date mit mir selbst, erkläre ich.

Meine Antwort trifft auf fast schon spöttisches Gelächter. Bei den ironischen Bemerkungen meiner Freunde muss ich selbst lachen. Gedanken schwirren mir durch den Kopf: War es doch eine bescheuerte Idee, den Abend alleine zu verbringen? Egal. Ich habe mir das vorgenommen und zieh das jetzt durch. Vor allem: Was verpasse ich schon? Den hundertsten Abend in der Düsseldorfer Altstadt? Das Gefühl, am nächsten Morgen einen fetten Kater zu haben? Nein danke! Dann lieber Hygge!

Es ist 18.30 Uhr, ich habe schon zu Abend gegessen, viel früher als sonst. Ich zünde wohlriechende Kerzen an, der Duft von Vanille liegt in der Luft, im Hintergrund plätschert Jazz-Musik von Etta James. Voller Vorfreude drapiere ich mir einige Stücke meiner Lieblingsschokolade auf einem Teller. Nachdem ich es mir auf der Couch mit meiner neuen besten Freundin, einer Zartbitterschokolade, gemütlich gemacht habe, kann ich es kaum erwarten, wie sie mir im Mund zerschmelzen wird. Ich bin unfassbar aufgeregt, das erste Mal Hygge zu spüren.

Ich beiße ein Stück meiner Schokolade ab und ... nichts. Keine Hygge-Erleuchtung. Doch ich warte ab und gebe dem Ganzen eine zweite Chance, versuche, den Druck rauszunehmen. Mit erwartungsvollem Druck entspannen? Keine gute Idee. Also schnappe ich mir mein liebstes Buch, *Was ich vom Leben gelernt habe* von Oprah Winfrey, und fange an zu lesen. Es könnte nicht passender sein. Winfrey schreibt über Dankbarkeit, Selbstliebe und erklärt, wie wichtig es ist, das Leben und jeden einzelnen Moment in vollen Zügen zu genießen. Ich komme ihrem Ratschlag nach, schenke mir ein Glas Wein ein und setze mich zurück auf die Couch. Dann passiert es.

Als ich endlich loslasse, krampfhaft darüber nachzudenken, wann ich Hygge endlich fühle, ist es plötzlich da, das Hygge-Gefühl. Klingt esoterisch, ist aber wahr. Ich genieße den Moment, mein Glas Wein, meine Schokolade und vor allem die Zeit für mich. Der Abend fängt an, mir richtig Spaß zu machen. **Der Barabend mit meinen Freunden rückt in weite Ferne. An diesem Abend verschwende ich keinen Gedanken mehr daran. Ich bin so bei mir, dass ich alles rundherum vergesse, den Alltag, alle Sorgen und Probleme einfach ausblende.**

Dieser Abend zeigt mir, wie wertvoll Zeit mit mir selbst ist. Wie wichtig es ist, sich diese Me-Time zu nehmen. Ich versuche seitdem immer wieder, Hygge in mein Leben und meinen Alltag zu integrieren. Ob alleine auf der Couch oder während ich koche. Selbst bei der Arbeit.

So schnappe ich mir zum Beispiel in stressigen Situationen etwas Besonderes zu essen oder mache mir einen Tee und schließe die Tür. Ich lasse leise Musik laufen und entspanne mich. Wenn auch nur für kurz, ich lasse den Alltag für einen Moment einfach Alltag sein und konzentriere mich ganz auf mich.

Glück geht durch den Magen

Essen und Trinken spielen bei der Hygge eine große Rolle. Süßigkeiten und Kuchen stehen hoch im Kurs. Es geht um Belohnung. Noch mehr Hygge-Feeling bekommt man, wenn man den Kuchen auch noch selbst zubereitet und backt. Denn nicht nur das Essen an sich, auch die ausgiebige Zubereitung und das An-richten der Gerichte ist ein wichtiger Teil. Man soll sein Essen bewusst wahrnehmen. Auch heiße Getränke wie Apfelpunsch, warme Tees oder eine heiße Schokolade passen hervorragend, wenn man einen gemütlichen Abend vor sich hat.

Dabei geht es nicht um eine möglichst kalorienarme Ernäh-rung wie bei vielen Diäten, sondern um Körperbewusstsein und darum, der Seele etwas Gutes zu tun. Iss, wonach du Verlangen hast! Entwickle ein Gespür dafür, was deinem Körper und dei-ner Seele guttut.

Hygge muss übrigens auch nicht dem Healthy-Food-Trend, der zurzeit aus allen Ecken strömt, widersprechen. Immer mehr Menschen wird klar, wenn sie ihrem Körper Gutes zuführen, sind sie fitter, agiler und fühlen sich einfach besser. Du kannst deinen eigenen Körper dazu konditionieren, von Zucker loszukommen und ihm Produkte zuzuführen, die ihm nachhaltig guttun.

Bei Hygge geht es aber darum, eben dies nicht zu radikal und mit der Brechstange zu tun und nur noch Dinge zu es-sen, die dir nicht schmecken. Umgekehrt musst du dir ja nicht gleich massenweise ungesunde Sachen reinschaufeln.

Aber ab und an darfst du auf dein Verlangen hören und dir deine Lieblingssüßigkeiten gönnen. Dann reichen schon ein paar Stückchen zur Befriedigung, eine ganze Tafel Schokolade braucht es selten. Die Dosis macht hier wie so oft im Leben das Gift! Ler-ne, deinen Körper bewusst wahrzunehmen und auf ihn zu hören.

Hygge und das Glück sind individuell

Selbstverständlich sehen Glück und Hygge für jeden ein biss-chen anders aus. Es gibt mindestens so viele Arten von Glück, wie es Menschen gibt. Ein nach außen hin tolles Leben mit viel scheinbarem Glück zu führen, bedeutet noch lange nicht, wirklich glücklich zu sein.

Die eigens und individuell definierten Werte, die du für dich bestimmst und täglich lebst, bestimmen schlussendlich dein Glück. Du solltest dir treu bleiben und dabei jeden Tag aufs Neue das Beste geben. Nur so hast du die Chance, von ganzem Herzen glücklich zu sein. „Nimm dir die Freiheit, dein Leben nach deinen eigenen Vorstellungen zu designen", ist der Leitfaden vieler Dänen.

Also adaptiere Hygge für dich, wie du es für richtig hältst. Ist es die Kerze am Abend, ein Essen mit Freunden, eine leckere Süßigkeit, ein regnerischer Herbsttag oder einfach nur ein Spaziergang im Wald? Hygge ist das, was du selbst daraus machst.

Viele Menschen streben nach einem glücklichen Leben, werden es jedoch nie erreichen. Oftmals wird äußeren Faktoren die Schuld daran gegeben. Eigenverschulden? Fehlanzeige! Uns ist es oft nicht einmal bewusst, was uns zu einem glücklicheren Leben führen könnte.

Um glücklich zu sein, braucht es zuerst die Bereitschaft, Verantwortung für sich und das eigene Leben zu übernehmen. Vor allem müssen wir bereit sein, die eigene Komfortzone zu verlassen.

Die amerikanische Professorin und Autorin des Bestsellers *The How of Happiness*, Sonja Lyubomirsky, schreibt, dass „die größten Hindernisse auf dem Weg zu einem glücklicheren Leben unsere irrigen Vorstellungen davon sind, was uns tatsächlich glücklicher macht. Diese Vorstellungen wurden uns von Freunden, Familien und Vorbildern eingetrichtert und durch omnipräsente Geschichten und Bilder unserer Kultur verstärkt."[99]

Wir müssen jetzt damit beginnen, etwas zu verändern, anfangen, unser Glück nicht mehr von anderen abhängig zu machen und uns vom Schein der Social Media blenden zu lassen.

Denn Glück nach Hygge ist ganz einfach: Mach es dir gemütlich, verbringe viel Zeit mit Menschen, die dir guttun, genieße die Zeit für dein Abendessen. Wenn du anfängst, das Jetzt und Hier intensiv zu genießen und zu zelebrieren, folgt die Selbstliebe quasi automatisch.

Du wirst merken, je mehr du dich mit dir selbst beschäftigst und dir etwas Gutes tust, umso weniger wirst du Bestätigung von außen suchen. Und es ist an der Zeit, endlich *PRETTY HAPPY* zu werden!

Notiz an uns selbst:

∞ Bring ein bisschen **Hygge** in deinen Alltag.

∞ Mach dir bewusst, dass **Lebenskrisen** immer Wahrnehmungskrisen sind.

∞ Werde *Pretty Happy*.

Schritt 4: Lass das Schubladendenken der anderen an dir abprallen

„Wenn du mich schon in eine Schublade steckst. Dann bitte in die mit den Süßigkeiten."

Sprichwort

„Ich muss dir jetzt mal was gestehen. Ich habe dich am Anfang ganz anders eingeschätzt." Wie oft habe ich diese Sätze schon gehört, wie oft haben mich Fremde arrogant, zickig oder selbstverliebt genannt. Wenn ich Bemerkungen wie dieser gewahr wurde, traf es mich jedes Mal. Und zwar mitten ins Herz, war mir die Wahrnehmung der anderen doch unfassbar wichtig.

Mein Kollege und guter Freund Fabian dachte anscheinend dasselbe von mir. Es ist einer der letzten Abende eines intensiven, vierwöchigen Filmdrehs in Polen. Eine wunderschöne Zeit liegt hinter uns, als er mir gesteht: „Als ich dich das erste Mal gesehen habe, dachte ich mir: ‚Oje, die Blonde legt bestimmt nur Wert auf ihr Äußeres. Die ist super oberflächlich, zickig und arrogant.' Tut mir leid."

Früher hätte ich mich über eine solche Vorverurteilung geärgert. Heute kann ich darüber schmunzeln. Es wundert mich nicht mehr, wenn Menschen mich vorverurteilen, bevor sie mich überhaupt kennengelernt haben.

Zeigt Fabians Offenbarung doch bilderbuchmäßig, was passiert, wenn man einen Menschen zum ersten Mal sieht. Sofort geht eine Schublade auf, wir stecken den Menschen hinein und schließen sie schnell wieder. Um noch einmal umsortiert zu werden, müssen wir uns übrigens doppelt beweisen. Bei Fabian ist das passiert. Auf meine Nachfrage hin, warum er mich damals so einschätzte, antwortet er kleinlaut: „Ich bin unsicher, wie ich deine Frage beantworten soll. Ich will dich ja nicht verletzen. Worte und Gedanken sollten mit Bedacht gewählt werden, um den Personen, die man mag, nicht zu schaden. Vor allem sollte man Menschen nicht vorverurteilen. Man sollte eigentlich meinen, als Mensch mit guter Erziehung, Abitur und abgeschlossenem Studium wüsste man das. Stattdessen musstest du in mein Leben treten, um mir mit 30 Jahren erneut die Augen zu öffnen."

Er beginnt zu erklären, warum er eine schlechte Meinung von mir hatte: „Die Rolle, für die du vorgesehen warst, die einer reichen, versnobten Internatsschülerin, deren Vater sich die Welt kaufen kann, war sicherlich entscheidend. In meinem Kopf war, ohne dass ich es beabsichtigt hatte, bereits ein Bild von dir entstanden – und das, ohne jemals vorher ein Foto von dir gesehen zu haben. Dann sah ich deinen Namen in der Besetzungsliste, googelte dich und mein erster Gedanke war: ‚Na, das passt ja wie die Faust aufs Auge.'"

Er schaut mich an, lächelt. „Ich meine, blond, blaue Augen, schmales Gesicht, dünn. Und dann kommst du laut Wikipedia-Eintrag auch noch aus Düsseldorf. Schnöseldorf. Das hat das ganze Bild für mich noch mal abgerundet. Ohne jemals ein Wort mit dir gewechselt zu haben, natürlich."

Dann schüttelt er den Kopf. „Aber über die Tage und mittlerweile Wochen hinweg, in denen wir zusammengearbeitet haben, ist mir bewusst geworden, dass du der lebende Beweis dafür bist, dass eine Schublade niemals existieren sollte. Das Bild der

‚Schauspielerin aus der Schickeria' war wie weggewischt, als ich dich, deinen wahren Charakter, hinter der Google-Fassade kennenlernte. Du hast es geschafft, etwas in mir auszulösen, mich selbst zu hinterfragen."

Unsere Begegnung zeigt, dass wir viel zu oft in Vorurteilen denken. Manchmal aber sind wir auch selbst dran schuld, weil wir nicht für uns selbst einstehen.

Ich war von klein auf sehr wissbegierig. Leider diskutierte ich früher bei kontroversen Gesprächen selten mit, machte mich lieber klein, tat vor den Männern so, als würde mich Politik nicht interessieren. Nur um nicht negativ aufzufallen. Doch allzu oft gab es Momente, in denen jemand Aussagen über Themen aus Politik und Wirtschaft traf, mit denen ich nicht übereinstimmte. Innerlich diskutierte ich dann lauthals mit, doch um niemandem auf den Schlips zu treten und aus Angst, nicht gemocht zu werden, hielt ich meine Meinung zurück.

So richtig bewusst wurde mir das in einer lauen Sommernacht im Juli 2015. Ich war mit Freunden zum Grillen verabredet, als in Amerika gerade der Präsidentschaftswahlkampf zwischen dem späteren Präsidenten Donald Trump und seiner Herausforderin Hillary Clinton tobte.

Eigentlich genau meins. Ich liebe Amerika und interessiere mich für Geschichte und Politik. Doch während die Männer über den Wahlkampf und Donald Trumps Bedeutung für die Demokratie diskutieren, urteilen wir Frauen über das Outfit von Trumps Frau Melania.

Männer: Politik. Frauen: Mode. Klischeehafter geht es echt nicht. Ich selbst sitze auf heißen Kohlen. Wie viel lieber würde ich jetzt politisch mitmischen, meine Meinung in der Männerrunde einbringen. Ich könnte einfach aufstehen und mich zu ihnen setzen. Doch ich möchte nicht anecken, halte meinen Mund und verharre auf dem mir zugewiesenen Platz. Zu groß ist meine Angst vor dummen Sprüchen wie „Frauen haben doch eh keine Ahnung von Politik".

Ich spreche an besagtem Abend also weiter über Melanias Outfit und über die neusten Modekollektionen von Stella McCartney, Gucci und Valentino. Das soll jetzt nicht falsch rüberkommen, ich liebe es, über Mode und schöne Dinge zu sprechen, aber ich interessiere mich eben auch für die vermeintlich ernsteren Themen. Und an diesem Abend wünschte ich mir nichts mehr, als mit den Männern zu diskutieren. Stattdessen blieb ich meiner „Frauen haben eh keine Ahnung von Politik"-Schublade treu. Mal wieder. Wie immer.

Woher kommt es eigentlich, dass wir innerhalb weniger Sekunden Menschen bewerten und uns selbst in die für uns vorgesehene Schublade eingliedern? Früher hat Schubladendenken fürs Überleben gesorgt. Wenn du einem Säbelzahntiger Auge in Auge gegenüberstandst, war es ein guter Warnmechanismus, wenn dein Gehirn vorurteilsmäßig „Gefahr" schrie. Sonst hätte es dich dein Leben gekostet.

Für unser Gehirn ist Schubladendenken auch heute noch praktisch. Es hilft uns, schnell und einfach Entscheidungen durch das Mittel der Vereinfachung zu treffen. Doch ist oft genau das im Alltag hinderlich, belastend und unfair: Deutsche sind immer pünktlich und Mädchen tragen gerne rosa.

Wir nehmen jemanden beispielsweise als Deutsche, Türken oder Amerikaner wahr und haben sofort ganz bestimmte Vorstellungen von ihr oder ihm („Amerikaner essen immer Fastfood"). Wie diese Etiketten entstehen, hängt in der Regel von verschiedenen Faktoren ab:

◊ **Was wir darüber gelesen haben.**
◊ **Wie unser Umfeld darüber denkt.**
◊ **Ob wir uns schon einmal ein Urteil darüber gebildet haben.**

Haben sich Vorurteile erst einmal in unseren Köpfen etabliert, ist es wahnsinnig schwierig, diese wieder loszuwerden. Wir tun uns sehr schwer, Schubladen zu erweitern.

Das bestätigt auch der Psychologe Lars-Eric Petersen gegenüber der WELT: „Wenn alle Frauen für mich ‚Heimchen am Herd‘ sind, fallen dabei natürlich einige Frauen aus dem Muster", erklärt Petersen. Doch anstatt erfolgreiche Frauen mit einzubeziehen und die Schublade zu erweitern, werde eine neue geöffnet. Da eine erfolgreiche Frau nicht in das ursprüngliche Heimchenklischee passe, werde für sie die Gruppe der Karrierefrau geschaffen. „So bekommt die erfolgreiche Frau einen neuen Stempel, und das ursprüngliche Stereotyp bleibt unverändert bestehen", sagt Petersen.[100]

Unkontrolliertes Schubladendenken ist selten witzig oder fair. Vor allem befeuert es den speziellen Konflikt Schönheit = Glück. Also versuchen wir doch, etwas von unserer Bequemlichkeit aufzugeben und die nächste Person, die wir kennenlernen, nicht vorab durch eine Schablone in eine Schublade zu pressen. Es lohnt sich.

Manchmal sind es aber nicht die Vorurteile der anderen Menschen, die uns zum Verhängnis werden, sondern unsere eigenen, die unterbewusst in unserem Kopf umherschwirren und für unnötiges Chaos sorgen. Dank unserer falschen Befürchtungen.

Zuletzt passierte mir das beim Blumenkauf. Ich stehe auf dem Carlsplatz in Düsseldorf und bin auf der Suche nach frischen Hortensien. Tanja, eine alte Bekannte, steht auf der anderen Straßenseite. Ich freue mich, sie zu sehen, und winke wie von der Tarantel gestochen. Zurück kommt – nichts. Rein gar nichts. Dabei schaut sie doch genau in meine Richtung. Tanja dreht sich wieder weg und geht weiter. Ich bin entsetzt. Kopfkino. Warum macht sie das? Wir verstehen uns doch sonst so gut. Ich grübele vor mich hin.

Zwei Wochen vergehen. Aus einer Lappalie entwickelt sich etwas Großes. Doch ich bleibe stur, entscheide mich dafür, alles mit mir selbst auszumachen, anstatt Tanja anzusprechen. Fünf Wochen später treffe ich mich mit Freunden zum Abendessen. Wie der Zufall es will, sitzt sie am Nachbartisch. Ich bin eingeschnappt. Doch dann passiert, was ich am allerwenigsten erwartet hätte: Tanja steht auf und kommt auf mich zu. Ich bin verwirrt. Wir umarmen uns. Ich bin angespannt, wütend. Schließlich überwinde ich mich und frage sie, was das letztens gesollt hatte. „Warum bist du plötzlich wieder so nett?"

„Was?", antwortet Tanja erstaunt. „Ich habe dich gar nicht gesehen, sonst hätte ich doch zurückgewunken. Ich muss wohl in meinen Gedanken vertieft gewesen sein."

Mir fällt es plötzlich wie Schuppen von den Augen. Alle meine negativen Gedanken waren nur eins: Kopfkino. Ich hatte mich die ganze Zeit über merkwürdig gefühlt und mir stundenlang darüber den Kopf zerbrochen, was Tanjas Problem wäre. Dabei gab es nie ein Problem.

Trotzdem bin ich froh über diese Situation, denn seit dem Tag spreche ich alles immer sofort an. Ich lasse es nicht mehr zu so einer Situation kommen. Und wenn ich doch wieder für einen kurzen Moment in mein altes Ich zurückfalle, erinnere ich mich an den Vorfall mit Tanja.

Können wir jemals wissen, was im Kopf von anderen vor sich geht? Nein! Deswegen sollten wir anfangen, nicht mehr über andere Menschen voreilige Schlüsse zu ziehen, zu urteilen oder zu lästern. Lieber die Probleme direkt ansprechen und versuchen, sie zu lösen. Dann spüren wir ein Gefühl von Leichtigkeit, Freiheit, Lebensfreude.

Nichts ist schöner als das Gefühl, mit sich selbst im Reinen zu sein. Also mach dich frei von der Meinung anderer. Das Einzige, was zählt, ist, wie du über dich selber denkst.

Notiz an uns selbst:

∞ Das **Schubladendenken** der anderen sollte dich nicht beeinflussen.

∞ Höre auf dein **Herz**.

∞ Lass dich nicht auf dein äußeres Erscheinungsbild **reduzieren**.

Schritt 5: Nimm Abstand von unrealistischen Erwartungen

„Der Sinn des Lebens besteht nicht darin, ein erfolgreicher Mensch zu sein, sondern ein wertvoller."

Albert Einstein

Durch unrealistische Erwartungen und falsche Schönheitsideale entsteht ein enormer Druck, aufgebaut durch unsere Gesellschaft. Es wird uns vorgegeben, wie wir auszusehen haben und wie wir uns verhalten sollen.

Social Media hat uns in dem Wunsch, perfekt sein zu wollen, noch bestärkt. Um jeden Preis möchten wir gefallen. Dabei waren selbst die „schönsten" Frauen ihrer Zeit wie Jackie Kennedy, Marilyn Monroe oder Twiggy, wie wir festgestellt haben, nicht wirklich glücklich. Wie sollen wir also in Zukunft mit dem Thema Schönheit umgehen?

Es geht darum, die Vorstellung Schönheit = Glück zu entkoppeln. Denn unabhängig davon, wie wir über Schönheit denken, sie ist immer relativ.

Der Philosoph Immanuel Kant definierte schon früh Schönheit als etwas rein Subjektives. Es lässt sich also trefflich darüber streiten, was schön ist und was nicht. Früher dachte ich, ich müsse

Make-up tragen, um mich schön zu fühlen. Durch schwierige Situationen, zum Beispiel das Casting in Berlin oder den *Rock It!*-Dreh, habe ich gelernt, dass ich das nicht mehr brauche. Heute ist Make-up nur noch ein nettes Accessoire für mich. Etwas, auf das ich getrost verzichten kann. Ich schminke mich, weil es mir selbst gefällt, und nicht, weil ich anderen damit gefallen will. Wir müssen endlich anfangen, unsere Einzigartigkeit zu feiern und zu zelebrieren.

Der Druck, einem Schönheitsideal zu entsprechen, ist groß geworden. So groß, dass wir uns hinter Make-up verstecken, krankhaft abnehmen oder gar jemand anderes sein wollen. Aber wir müssen anfangen, diese Vorstellungen aufzubrechen. Darüber zu sprechen hilft, die eigene Individualität zu akzeptieren, zu leben und zu zelebrieren. Zusätzlich ist es wichtig, dann und wann eine Digital-Detox-Pause einzulegen, denn der Informationsfluss ist nicht nur mehr geworden, sondern auch schneller und intensiver.

Hatten wir früher die Möglichkeit, einmal pro Woche ein Bild und etwas Content in einer Modezeitschrift über unsere Vorbilder bzw. über die vermeintlich Reichen und Schönen zu sehen, sind wir heute jeden Tag, jede Minute, jede Sekunde live dabei. Wir können das Leben unserer Stars und Vorbilder hautnah und in Echtzeit miterleben.

Diese Nahbarkeit vermittelt uns: Das ist das normale Leben. Wir möchten so sein wie unsere Vorbilder, doch das können wir nicht und sollten es erst recht nicht wollen.

Denn das, was du online siehst, ist nicht die Realität. Sie wird es auch niemals sein. Es ist inszeniert, begleitet durch Fotografien und durch unzählige Filter zur reinen Utopie geworden. Wir sollten Social Media und die Einflüsse von außen lediglich als Inspiration für uns nehmen. Wenn du noch nicht so weit bist, selbst die Grenze zu ziehen, ist das kein Problem. Ich war es auch lange nicht. Aber dann solltest du dir, so wie ich es tat, einen

Timer setzen und nach einer von dir selbst definierten Zeit deine Social-Media-Phase beenden. Mach dir außerdem bewusst, dass wirklich niemand in den sozialen Netzwerken seine Realität zeigt und alles nur eine Illusion ist. Eine Blase.

Auch mein eigenes Leben hat nichts damit zu tun, was ich auf Instagram zeige. Ich kreiere dort eine Illusion, die mit der Realität wenig zu tun hat. Dass meine beste Freundin die Liebe ihres Lebens geheiratet hat, meine Oma an Demenz leidet oder ich einen schweren Autounfall hatte, halte ich von der Plattform fern. Die meisten Fotos, die man auf meinem Instagram-Profil sieht, sind bei Fotoshootings entstanden und bis zur Perfektion getrimmt.

Für die Zukunft aber habe ich mir vorgenommen, nahbarer zu werden und auch Fotos zu posten, auf denen ich ungeschminkt bin und die in einem Moment fernab meines beruflichen Lebens und meiner Highlights entstanden sind. Auch wenn ich mein Privatleben weiterhin versuche, privat zu halten, möchte ich nicht mehr nur das Bild der Blondine mit dem perfekten Leben abgeben.

Gerade die letzten zwei Jahren waren voller Tiefs. Eine schlechte Nachricht jagte die nächste. Dennoch wirkte mein Leben auf Instagram nahezu perfekt. Ich habe vor Kurzem eine Freundin wiedergetroffen, mit der ich die letzte Zeit kaum Kontakt hatte. Als ich ihr von diesen letzten zwei Jahren erzählte, blieb ihr fast der Kuchen im Hals stecken. „Dein Leben sieht online so perfekt aus. Ich hätte niemals damit gerechnet, dass so viel Negatives passiert ist!"

Ein Wake-up-Moment, denn mir war das mit der Illusion gar nicht bewusst. Private Momente mit Freunden halte ich aber weiterhin raus. Die schönsten und emotionalsten Augenblicke sollen nicht mit allen geteilt werden.

Ich hab gemerkt, dass das Warten auf Likes und Follower krank macht. Die Bestätigung über die Onlinewelt ist alles andere als gesund.

Wir sollten versuchen, uns von den Ansprüchen der Social-Media-Welt zu befreien. Denn wir brauchen keine Bestätigung oder Meinungen von Menschen, die wir nicht einmal persönlich kennen. Natürlich ist es verlockend, sich innerhalb kürzester Zeit Komplimente von anderen abzuholen, aber wirklich glücklich macht das nicht. Vor allem ist ein Kompliment in der Realität ehrlicher, nachhaltiger und wertvoller.

Instagram befeuert täglich unseren Glauben daran, dass Schönheit glücklich macht. Dabei zählt in diesem Netzwerk nichts als die äußere Hülle.

Wir alle durchleben dann und wann schwierige Zeiten, in denen es uns mental nicht gut geht. Sei dir bewusst, dass die perfekte Werbung nicht die Realität ist und Schönheit nicht von der Bestätigung durch andere abhängt. Auch brauchst du nicht das neueste iPhone, um cool zu sein.

Ist es nicht viel schöner, wenn du den Menschen in Erinnerung bleibst, weil du intelligent, positiv und liebenswert bist? Konzentriere dich auf deine Werte oder auf Dinge, für die du dankbar bist. Setze dir als Ziel, ein guter Mensch zu sein. Setze dich für andere Menschen ein. Hilf anderen Menschen auch dann, wenn du nicht direkt davon profitierst. Sei liebevoll und vor allem gut zu dir selbst. Das ist am Ende des Tages der Schlüssel zum Glück.

Die Zeit ist reif, endlich etwas zu ändern. Mauern müssen eingerissen werden. Wir dürfen die Langzeitfolgen des Schönheitswahns nicht länger unter den Teppich kehren. Wir alle haben und kennen sie. Führe dir immer vor Augen, dass du damit nicht alleine bist.

The End: alles und nichts

Danke, dass du bis zum Ende drangeblieben bist. Wir hoffen, dass du etwas aus *Pretty Happy* für dich mitnehmen konntest. Wenn es nicht die eine spezielle Erkenntnis ist, so ist das nicht weiter tragisch. **Pretty Happy sollte insbesondere Anstoß sein, einmal über den speziellen Konflikt Schönheit = Glück nachzudenken.** Wir sind uns sicher: Dann und wann müssen wir im Leben über den Tellerrand schauen, um sensibilisiert und offen für Missstände zu werden. Um Dinge wie die Fokussierung auf unser Äußeres, die für uns von klein auf selbstverständlich ist, hinterfragen zu können.

Kürzlich erst schaute ich mit meiner Schwester eine Dokumentation über die Richterin Ruth Bader Ginsburg. Über ihr Schaffen und ihre Werte. Anfänglich hatte Pia so gar keine Lust, sich diesen Film anzuschauen, viel zu historisch, zu langweilig. Nach einer Weile aber schaute sie aufmerksam zu. Am Ende weinte sie sogar.

Seitdem schickt sie mir des Öfteren WhatsApp-Nachrichten über das Gender Pay Gap oder die Benachteiligung der Frau. Inklusive kurzer Kommentare wie: „Krass, oder? Das hätte ich gar nicht gedacht."

Was Ruth Bader Ginsburg bei meiner Schwester mit Blick auf die Frauenrechte erreichte, wollen wir mit *Pretty Happy* bezüglich des Schönheitswahns schaffen. Wir wollen dich, unsere

Leserin, anregen, den speziellen Konflikt Schönheit = Glück auch nach Beendigung dieser Lektüre weiter infrage zu stellen. Es hilft, darüber mit anderen zu diskutieren. Und nach und nach den Stellenwert der eigenen Optik zu reduzieren.

Millionen Frauen vor uns haben dafür gekämpft, dass wir Frauen heute mehr sein dürfen als nur unsere äußere Hülle. Das Privileg, unser Leben anderen Dingen als unserem Aussehen widmen zu können, sollten wir nutzen. **Und uns dieses Umstandes stets gewiss sein, indem wir für unsere Unabhängigkeit kämpfen!**

Danksagung

Teamwork makes the dream work. Klingt wie eine Plattitüde, ist aber wahr.

Wir sind als Freundinnen gestartet und durch *Pretty Happy* zu Verbündeten geworden. Mit der Mission, anderen Frauen zu zeigen, dass Schönheit rein gar nichts mit Glück zu tun hat. *Pretty Happy* ist unser absolutes Herzensprojekt und wir sind uns bewusst, was für ein Privileg es ist, dieses Buch schreiben zu dürfen.

Wir hoffen, mit *Pretty Happy* anderen Frauen die Hoffnung zu geben, an ihre Träume zu glauben, und vor allem, sich aus ganzem Herzen selbst zu lieben. Wenn wir am Ende nur einer Frau auf ihrem Weg helfen konnten, hat sich jede schlaflose Nacht schon gelohnt. Und davon gab es viele. Zu viele. Wir haben das Gefühl, um Jahre gealtert zu sein. Natürlich ist das Meckern auf hohem Niveau, doch in diesem Moment, in dem wir die Danksagung verfassen, ist es vier Uhr in der Früh.

Nun aber zum eigentlichen Dankeschön. Unser erster Dank geht an unseren wundervollen und einzigartigen Agenten Ulf Switalski. Danke, dass du an *Pretty Happy* geglaubt hast und von Beginn an an unserer Seite warst. Deine Ruhe und Gelassenheit sind beispiellos. Eines ist sicher: Das Beste an *UNFOLLOW* war nicht die *Spiegel*-Bestsellerliste, sondern du. Danke für unsere besondere und bereichernde Freundschaft, die weit über unsere gemeinsamen Buchprojekte hinausgeht!

Ein weiteres großes Dankeschön geht an unseren Verlag Edel. Ihr habt uns die Möglichkeit gegeben, über unsere Herzensangelegenheit in Form eines Buches sprechen zu dürfen. Wir sind unglaublich stolz, ein Teil der Edel-Family sein zu dürfen. Besonderer Dank an euch, liebe Constanze, liebe Svetlana, liebe Katharina. DANKE für all eure tollen Anmerkungen, den Austausch und eure großartige Unterstützung. Durch euch wurde *Pretty Happy* zum Leben erweckt. Ohne euren Glauben an uns hätte es dieses Projekt nie gegeben! Wir freuen uns auf eine weitere spannende Reise mit euch.

Und nun kommen wir zu einem Mann, der diesen Schreibprozess derart stark begleitet hat, dass wir ihm tausend und einen Gefallen schulden: Tobias Bayer. Danke für deine Zeit, deine unbändige Ausdauer, unsere Kapitel zu redigieren, die motivierenden Worte und deine Kommentare, die uns teilweise heute noch zum Lachen bringen! Du bist ein wahrer Freund!

Nicht nur Tobias Bayer hat unseren Schreibprozess begleitet, sondern vor allem auch unser großartiger Lektor Dr. Gregor Ohlerich. Dank dir, lieber Gregor, haben wir sprachlich ein ganz anderes Niveau erreicht. Die Kapitel sind nun viel flüssiger und wir haben noch etwas Wichtiges gelernt: Warum nennen wir Frauen immer beim Vornamen, während wir das bei Männern unterlassen? Ja warum eigentlich. Dank dir tun wir das in *Pretty Happy* nicht.

Wir möchten uns an dieser Stelle auch bei Hanna und Sarah bedanken. Es ist sehr bemerkenswert, dass ihr uns, und damit auch unseren Leserinnen und Lesern, eure Geschichte anvertraut habt! Danke für euren Mut!

Last but not least: herzlichen Dank an Lukas und Nina Bartels! Danke für das tolle Pressevideo, die zwei lustigen Drehtage mit euch. Ihr seid großartig!

Voller Stolz, Liebe und vor allem in ewiger Dankbarkeit,
Nena & Vivien

Danksagung Vivien

Liebe Nena, ich könnte nicht dankbarer sein, unser Herzensprojekt *Pretty Happy* mit dir schreiben zu dürfen. Ich habe dich
so sehr in mein Herz geschlossen und bin sehr dankbar, dich zu
haben. Du bist für mich eine wahre Powerfrau und Inspiration.
Diesen aufregenden Weg gemeinsam mit dir zu beschreiten, ist
eine Erfahrung, die ich nie wieder missen möchte.

Auch meiner Familie möchte ich von ganzem Herzen Danke sagen: Mama, Papa, Werner, Friederike, Gerrit, Peter, Tanja, Tante
Marion, Oma Gisela, Oma Gitta, Burghard und Alexander. Ohne
euch wäre ich nicht die Frau, die ich heute bin! Ihr sagt mir immer die Wahrheit, auch wenn ich sie mal nicht hören will, und
seid immer bedingungslos an meiner Seite. Ihr habt mir beigebracht, wie wichtig es ist, ein reines Herz zu haben und ein guter
Mensch zu sein. Mir gezeigt, das Leben in vollen Zügen zu genießen und trotzdem seinen Ehrgeiz nicht zu verlieren. Werner,
du gibst mir immer die besten Ratschläge und bist immer für
mich da. Dank dir weiß ich, dass Probleme erst dann gelöst werden, wenn sie da sind und nicht schon vorher. Ein weiterer besonderer Mensch, der mich während des Schreibens unterstützt
hat, bist du, Susanne. Du bist für mich Familie geworden. Du
liebst das Leben, bist die stärkste Frau, die ich kenne, mit dem
größten Herz. Jeder deiner Ratschläge ist Gold wert! Du bist eine
wahre Mentorin für mich! Und dafür möchte ich Danke sagen!

Alina, Alia, Hanna, Joyce, Kati, Kim, Lara, Lena, Marie, Nathalie und Shirin. Ihr seid die Liebe meines Lebens. Meine Herzensmenschen. Meine Powerfrauen. Ihr seid immer für mich da. Bedingungslos. Danke, dass ihr während des Schreibens unermüdlich an meiner Seite wart. Ihr habt mir gezeigt, dass Lebenskrisen immer Wahrnehmungskrisen sind und man niemals alleine ist. Mit euch kann ich auf den Tischen tanzen und das Leben feiern. Dank euch kenne ich den Wert wahrer Freundschaft. Ich liebe euch – für immer!

Von Herzen und voller Dankbarkeit,
Vivi

Danksagung Nena

Alle, bei denen ich mich bedanken möchte, sind in unserer gemeinsamen Danksagung bereits erwähnt, aber es gibt auch Menschen, bei denen ich mich entschuldigen muss. Allen voran meine Lebensliebe Caspar. Ich glaube, es gibt wenige Dinge, die anstrengender sind, als mein Verlobter zu sein, wenn ich ein Buch schreibe. Wie du meine emotionalen Höhen und Tiefen, meine nächtelangen Schreibsessions und meine Zweifel erträgst, ist mir schleierhaft. Das Schönste an dir: Mein Versprechen, kein drittes Buch zu schreiben, hast du nur belächelt. Vielleicht, weil wir beide bereits jetzt wissen, dass ich es tun werde.

Entschuldigen möchte ich mich auch in aller Form bei Clara, Roxy, Jil und all meinen anderen Freundinnen und Freunden. Während der Buchphase bin ich erneut zu wenig für euch da gewesen. Das muss sich ändern! Ich gelobe Besserung! Auch bei euch, Klein-Papi, Pancake und Mama muss ich mich entschuldigen: Ab jetzt telefonieren wir wieder regelmäßig, versprochen!

All my love to you,
Nena

Quellen

1   www.youtube.com/watch?v=W8_0sXuC-Ww (letzter Zugriff am 19.10.2020).
2   www.youtube.com/watch?v=W8_0sXuC-Ww (letzter Zugriff am 11.11.2020).
3   www.elle.com/culture/celebrities/a26628467/taylor-swift-30th-birthday-lessons (letzter Zugriff am 19.10.2020).
4   Hielscher, M. (2020). *Die Schule des Lebens*. München, Deutschland: Piper Verlag, S. 253.
5   Hielscher, M. (2020). *Die Schule des Lebens*. München, Deutschland: Piper Verlag, S. 254.
6   Welsch, N. (1999). *Gespräche mit Gott. Kosmische Weisheit, Band 3*. München, Deutschland: Goldmann Verlag, S. 17.
7   www.spiegel.de/spiegel/print/index-1992-32.html (letzter Zugriff am 19.10.2020).
8   de.statista.com/statistik/daten/studie/243144/umfrage/geschlechterverteilung-bei-patienten-von-schoenheitsoperationen-in-deutschland (letzter Zugriff am 19.10.2020).
9   de.statista.com/statistik/daten/studie/221664/umfrage/anteil-der-haeufigsten-schoenheitsoperationen-in-deutschland/ (letzter Zugriff am 19.10.2020).
10   www.sueddeutsche.de/leben/gesellschaft-umfrage-jede-zweite-frau-ist-schoenheits-op-nicht-abgeneigt-dpa.urn-newsml-dpa-com-20090101-180315-99-491385 (letzter Zugriff am 13.11.2020).
11   www.spiegel.de/spiegel/print/index-1992-32.html (letzter Zugriff am 19.10.2020).
12   www.spiegel.de/spiegel/print/index-1992-32.html (letzter Zugriff am 19.10.2020).
13   www.faz.net/aktuell/gesellschaft/gesundheit/der-zwanghafte-schoenheitswahn-in-der-gesellschaft-15308252.html?GEPC=s3 (letzter Zugriff am 19.10.2020).
14   www.wien-konkret.at/lifestyle/schoenheit-schoenheitsideale (letzter Zugriff am 19.10.2020).
15   www.welt.de/kultur/history/article10191715/Die-vielen-Fragezeichen-um-den-Tod-Marilyn-Monroes.html (letzter Zugriff am 19.10.2020).
16   www.welt.de/kultur/history/article10191715/Die-vielen-Fragezeichen-um-den-Tod-Marilyn-Monroes.html (letzter Zugriff am 14.11.2020).
17   www.helloarticle.com/de/-das-erste-supermodel-r395.html (letzter Zugriff am 19.10.2020).
18   othes.univie.ac.at/42306/ (letzter Zugriff am 19.10.2020).
19   www.nachrichten.at/panorama/society/Twiggy-Lieber-Kurven-statt-Kanten;art411,362791 (letzter Zugriff am 19.10.2020).
20   www.nationalgeographic.de/geschichte-und-kultur/2020/02/wir-sind-schoen-wie-soziale-medien-unsere-aesthetik-veraendern (letzter Zugriff am 22.10.2020).

21 www.nationalgeographic.de/geschichte-und-kultur/2020/02/wir-sind-schoen-wie-soziale-medien-unsere-aesthetik-veraendern (letzter Zugriff am 29.10.2020).

22 www.refinery29.com/de-de/kardashians-neuer-beauty-standard (letzter Zugriff am 22.10.2020).

23 www.nationalgeographic.de/geschichte-und-kultur/2020/02/wir-sind-schoen-wie-soziale-medien-unsere-aesthetik-veraendern (letzter Zugriff am 22.10.2020).

24 Vgl. www.welt.de/wissenschaft/article94232/Wer-schoen-ist-kommt-weiter.html (letzter Zugriff am 22.10.2020).

25 Vgl. Zschirnt, 2008, S. 184.

26 www.vogue.de/mode/star-style/star-style-audrey-hepburn (letzter Zugriff am 19.10.2020).

27 www.vogue.de/mode/star-style/star-style-audrey-hepburn (letzter Zugriff am 14.11.2020).

28 www.vogue.de/mode/star-style/star-style-audrey-hepburn (letzter Zugriff am 14.11.2020).

29 Bradford, S. (2001). *Jacqueline Kennedy Onassis: Ein leidenschaftliches Leben*. Frankfurt am Main, Deutschland: Krüger Verlag.

30 www.abendzeitung-muenchen.de/promis/jackie-kennedy-die-ehe-mit-jfk-eine-hoelle-art-238007 (letzter Zugriff am 11.11.2020).

31 www.zeit.de/campus/2016/01/first-lady-jacqueline-kennedy-kunst-fremdsprachen (zuletzt abgerufen am 11.11.2020).

32 www.zeit.de/campus/2016/01/first-lady-jacqueline-kennedy-kunst-fremdsprachen (zuletzt abgerufen am 11.11.2020).

33 www.zeit.de/campus/2016/01/first-lady-jacqueline-kennedy-kunst-fremdsprachen (zuletzt abgerufen am 11.11.2020).

34 www.madame.de/jackie-kennedy-onassis-1096032.html (letzter Zugriff am 22.10.2020).

35 www.harpersbazaar.de/zeitgeist/jackie-kennedy-stil-regeln-trends (letzter Zugriff am 22.10.2020).

36 www.stern.de/wirtschaft/job/laura-karasek/laura-karasek--macht-schoenheit-gluecklich--749578o.html (letzter Zugriff am 02.11.2020).

37 www.stern.de/wirtschaft/job/laura-karasek/laura-karasek--macht-schoenheit-gluecklich--749578o.html (letzter Zugriff am 02.11.2020).

38 www.mdr.de/tv/programm/sendung848228.html (letzter Zugriff am 02.11.2020).

39 www.girlguiding.org.uk/globalassets/docs-and-resources/research-and-campaigns/girls-attitudes-survey-2020.pdf (letzter Zugriff am 22.10.2020).

40 Given, F. (2020). *Women don't owe you pretty*. London, United Kingdom: Cassell. S. 8.

41 www.barbie.com/de-de/youcanbeanything (letzter Zugriff am 11.11.2020).

42 www.welt.de/print/welt_kompakt/print_wirtschaft/article188626615/Barbie-ist-wieder-da.html (letzter Zugriff am 11.11.2020).

43 www.mytoys.de/zapf-creation-baby-born-babypuppe-soft-touch-girl-blue-eyes-8284604.html (letzter Zugriff am 11.11.2020).

44 www.deutschlandfunk.de/von-pueppchen-piraten-und-affenkindern-praegt-spielzeug-die.724.de.html?dram:article_id=456033 (letzter Zugriff am 23.10.2020).

45 www.deutschlandfunk.de/von-pueppchen-piraten-und-affenkindern-praegt-spielzeug-die.724.de.html?dram:article_id=456033 (letzter Zugriff am 23.10.2020).

46 www.spiegel.de/psychologie/mit-maedchen-mut-trainieren-lasst-sie-von-schaukeln-fallen-a-c24aa791-e919-4976-add3-5bee8a0af380 (letzter Zugriff am 23.10.2020).

47 m.faz.net/aktuell/feuilleton/donald-trump-zu-brigitte-macron-so-gut-gehalten-15105877.html (zuletzt abgerufen am 14.11.2020).

48 www.geo.de/wissen/gesundheit/20894-bstr-fotograf-laesst-teenager-ihre-bilder-selbst-bearbeiten-und-nennt-das (letzter Zugriff am 26.10.2020).

49 www.jetzt.de/glotzen/das-fotoprojekt-selfie-harm-von-rankin (letzter Zugriff am 26.10.2020).

50 www.jetzt.de/glotzen/das-fotoprojekt-selfie-harm-von-rankin (letzter Zugriff am 26.10.2020).

51 www.jetzt.de/glotzen/das-fotoprojekt-selfie-harm-von-rankin (letzter Zugriff am 26.10.2020).

52 www.girlguiding.org.uk/girls-making-change/girls-attitudes-survey (letzter Zugriff am 26.10.2020).

53 Vgl. Gläßel, 2010, S. 44ff.

54 www.stuttgarter-nachrichten.de/inhalt.krank-durch-schoenheitswahn.54e9668c-14b5-4ce0-862b-6d725d16dac7.html (zuletzt abgerufen am 14.11.2020).

55 orange.handelsblatt.com/artikel/58137 (letzter Zugriff am 26.10.2020).

56 https://www.nytimes.com/2016/07/21/opinion/campaign-stops/why-men-want-to-marry-melanias-and-raise-ivankas.html

57 www.stern.de/panorama/wissen/partnerwahl--maenner-wollen-duemmere-frauen-6513716.html (letzter Zugriff am 27.10.2020).

58 journals.sagepub.com/doi/abs/10.1177/0146167215599749?etoc= (letzter Zugriff am 27.10.2020).

59 www.augsburger-allgemeine.de/politik/Erfolgreiche-Frauen-draengen-auf-Frauenquote-id58351236.html (letzter Zugriff am 15.11.2020).

60 www.zeit.de/zeit-wissen/2011/01/Freundschaft/komplettansicht (letzter Zugriff am 15.11.2020).

61 www.focus.de/finanzen/experten/seiwert/das-ist-glueck-jede-freundschaft-verla-ngert-das-leben_id_4031657.html (letzter Zugriff am 27.10.2020).

62 www.zeit.de/zeit-wissen/2011/01/Freundschaft/komplettansicht (letzter Zugriff am 15.11.2020)

63 de.statista.com/themen/164/freundschaft/ (letzter Zugriff am 27.10.2020).

64 Hielscher, M. (2020). Die Schule des Lebens. München, Deutschland: Piper Verlag, S. 324

65 Hielscher, M. (2020). Die Schule des Lebens. München, Deutschland: Piper Verlag, S. 325

66 www.zitate.eu/autor/wilhelm-busch-zitate/5134 (letzter Zugriff am 19.10.2020).

67 www.aphorismen.de/zitat/54261 (letzter Zugriff am 19.10.2020).

68 www.spiegel.de/gesundheit/psychologie/paartherapeut-ueber-trennungs-schmerz-in-der-liebe-gibt-es-keine-gerechtigkeit-a-1179596.html (letzter Zugriff am 27.10.2020).

69 www.welt.de/gesundheit/psychologie/article160311209/Die-fuenf-Phasen-einer-Trennung.html (letzter Zugriff am 27.10.2020).

70 www.welt.de/gesundheit/psychologie/article160311209/Die-fuenf-Phaseneiner-Trennung.html (letzter Zugriff am 27.10.2020).

71 Hantel-Quitmann W. (2007). *Der Geheimplan der Liebe: Zur Psychologie der Partnerwahl*. Deutschland: Freiburg. Herder Verlag.

72 www.t-online.de/leben/liebe/id_18875184/alte-liebe-warum-die-jugendliebeunvergessen-bleibt.html (letzter Zugriff am 27.10.2020).

73 www.nytimes.com/2015/01/09/style/no-37-big-wedding-or-small.html (letzter Zugriff am 19.10.2020).

74 orange.handelsblatt.com/artikel/59866 (letzter Zugriff am 15.11.2020).

75 Hielscher, M. (2020). *Die Schule des Lebens*. München, Deutschland: Piper Verlag, S. 48.

76 Winfrey, Oprah (2015). *Was ich vom Leben gelernt habe*. Frankfurt am Main, Fischer Verlag, S. 37.

77 www.faz.net/aktuell/gesellschaft/eine-charakterkunde-klaert-ueber-neidgefuehle-auf-14871499.html (letzter Zugriff am 27.10.2020).

78 orange.handelsblatt.com/artikel/56249 (letzter Zugriff am 15.11.2020).

79 www1.wdr.de/wissen/mensch/bucket-listen-100.html (letzter Zugriff am 27.10.2020).

80 www.zentrum-der-gesundheit.de/artikel/ayurveda/panchakarma-ayurvedakur-ia (letzter Zugriff am 27.10.2020).

81 www.aphorismen.de/zitat/108653 (letzter Zugriff am 19.10.2020).

82 pielot.org/pubs/Pielot2014-MobileHCI-Notifications.pdf (letzter Zugriff am 29.10.2020).

83 pielot.org/pubs/Pielot2014-MobileHCI-Notifications.pdf (letzter Zugriff am 29.10.2020).

84 pielot.org/pubs/Pielot2014-MobileHCI-Notifications.pdf (letzter Zugriff am 29.10.2020).

85 www.facebook.com/veitlindau/posts/die-wahrheit-ist-dass-dir-niemand-einebeziehung-aufmerksamkeit-liebe-schuldet-e/3067248830035919 (letzter Zugriff am 19.10.2020).

86 www.facebook.com/veitlindau/posts/die-wahrheit-ist-dass-dir-niemand-einebeziehung-aufmerksamkeit-liebe-schuldet-e/3067248830035919 (letzter Zugriff am 19.10.2020).

87 Corssen, S. 69 f.

88 www.wertesysteme.de/was-sind-werte (letzter Zugriff am 19.10.2020).

89 Corssen, S. 98 f.

90 www.aphorismen.de/zitat/2402 (letzter Zugriff am 19.10.2020).

91 Corssen, S. 127 f. und 154.

92 gutezitate.com/zitat/260014 (letzter Zugriff am 19.10.2020).

93 onlinelibrary.wiley.com/doi/abs/10.1002/ejsp.674 (letzter Zugriff am 30.10.2020).

94 www.sonntagsblatt.de/artikel/meinung/die-wissenschaft-vom-gelaechter-oder60-sekunden (letzter Zugriff am 19.10.2020).

95 beruhmte-zitate.de/zitate/1301071-marcus-aurelius-auf-die-dauer-der-zeitnimmt-die-seele-die-farbe-d (letzter Zugriff am 19.10.2020).

96 John Helliwell, 2017, in: s3.amazonaws.com/happiness-report/2017/HR17.pdf (letzter Zugriff am 02.11.2020).

97 Wörterbuch Langenscheidt: de.langenscheidt.com/daenisch-deutsch/hygge (letzter Zugriff am 02.11.2020).

98 Wiking, Meik (2016). *Hygge – Ein Lebensgefühl, das einfach glücklich macht.* Köln, Bastei Lübbe, S. 6.

99 Lyubomirsky, Sonja (2018). *Glücklich sein.* Frankfurt am Main, Campus Verlag, S. 49.

100 welt.de/gesundheit/psychologie/article4182227/Warum-wir-Vorurteile-nicht-loswerden-koennen.html (letzter Zugriff am 02.11.2020).